商务口译：思维、实践与教学

王 葵 / 著

中国商务出版社
CHINA COMMERCE AND TRADE PRESS

图书在版编目（CIP）数据

商务口译：思维、实践与教学 / 王葵著 . — 北京：
中国商务出版社，2021.9

ISBN 978-7-5103-3973-8

Ⅰ．①商… Ⅱ．①王… Ⅲ．①商务 – 英语 – 口译 – 教
学研究 Ⅳ．① F7

中国版本图书馆 CIP 数据核字（2021）第 189463 号

商务口译：思维、实践与教学

SHANGWU KOUYI：SIWEI SHIJIAN YU JIAOXUE

王　葵　著

出版发行	中国商务出版社	
社　　址	北京市东城区安定门外大街东后巷 28 号　邮政编码：100710	
网　　址	http://www.cctpress.com	
电　　话	010-64212247（总编室）　010-64218072（事业部）	
	010-64208388（发行部）　010-64515210（事业部）	
排　　版	北京亚吉飞数码科技有限公司	
印　　刷	北京亚吉飞数码科技有限公司	
开　　本	710 毫米 ×1000 毫米　1/16	
印　　张	13.25	
版　　次	2022 年 3 月第 1 版	**印　　次**　2022 年 3 月第 1 次印刷
字　　数	210 千字	**定　　价**　72.00 元

 **前　言**

　　随着社会的发展和变化,不同国家之间的商务活动逐渐增多,对于商务口译人员的需求也随之增多。同时,对于口译人员的能力和水平也有了更高的要求,相关领域的学者对于商务口译的研究也越来越多。

　　本书共有六章。

　　第一章阐述的是口译理论相关内容。主要包括口译发展的历史,口译的定义、种类、过程、特点和标准。同时,本章还论述了作为一名合格的译员需要具备的能力与特质。

　　第二章内容包括思维理论、口译开始之前的准备工作以及在商务口译中对模糊语言的处理方式和如何应对突发事件等。

　　第三章主要论述了商务口译所用到的一些技巧。主要包括五个方面:记忆技巧、笔记技巧、公共演讲技巧、数字口译技巧以及视译技巧。

　　第四章和第五章论述了在不同的场景下商务口译的实践活动。第四章所论述的场景主要包括迎送、介绍、访问、谈判、宴会、旅行、观光、会议、公司介绍和商务会展;第五章所论述的场景主要包括金融服务、基础建设、发展问题、对外贸易、环境保护、教育文化、经济与贸易。

　　第六章主要论述了商务口译教学方面的内容。首先,对中西方口译教学活动进行了介绍;其次,论述了商务口译课堂教学的构建;最后,分析了商务口译课堂教学的效果评价。

　　商务口译的技巧以及商务口译过程中所要注意的问题等内容在本书中都有相关的详细论述。在商务口译实践的部分,本书列举了在不同场合中经常使用的单词以及句型,并在此基础上给出了相关的实例,从而便于读者更好地理解单词和句型的用法,便于读者对商务口译的实践活动有深刻的感受。在商务口译教学的部分,对产出导向法理论(POA)

也做了一些简单的论述,以促进商务口译教学进一步发展。

希望读者通过阅读本书能够获得更多具有价值的关于商务口译理论的内容,从而提高商务口译的技能水平,优化我国的商务口译教学结构,推动我国商务口译事业的发展。

作　者

2021 年 7 月

目 录

第一章　口译理论概述

第一节　口译的历史

　　自从使用不同语言的人们开始交往以来,为了便于互相沟通、互相交流,就出现了口译。

　　口译历史源远流长,可以追溯到公元前 2000 多年的古埃及王国时期的爱尔芬汀(Elephantine)。到了 14 世纪初,法国法学家皮埃尔·杜布瓦(Pierre Dubois)提议设立专门培训口译人员的学校,15 世纪克里斯托弗·哥伦布(Christopher Columbus)派遣新世界(New World)的印第安人去西班牙学习语言以成为译员。口译成为一种职业始于第一次世界大战末期,也就是法语在外交界失去垄断地位、英语和法语能同时在国际会议上并用的时候。1919 年,象征第一次世界大战结束的"巴黎和会"(the Paris Peace Conference)召开时,第一批正规的"谈判翻译"产生了。第二次世界大战以后,战胜国成立了纽伦堡国际法庭,审判纳粹战犯,传统的交替传译速度太慢,无法胜任这项任务。在加快审判进程的背景下,同声传译在纽伦堡审判(the Nuremberg Trials)中诞生了。

　　我国翻译历史悠久,早在公元前 11 世纪至公元前 771 年的西周,就有了传译之事。古代所言"寄、象、狄、译"即为四方译官,统称"象胥"。公元前 200 年的汉朝,外事增多,对"译者"的需求日趋迫切,于是"译"就逐渐代替"象胥",一直流行了 300 年。公元 150 年,即东汉末年桓帝时代,开始了最早的传经翻译。《隋书》记载:"汉桓帝时,安息国沙门安静,经至洛,翻译最为解通。""译"字前加了"翻"字,从此,1000 多年来,"翻译"二字就成了固定的名词,统指口译和笔译。中华人民共和国成立后,我国的国际地位日益提升,尤其是 1971 年中国恢复联合国席位后,国际地位快速上升。改革开放促进了中国的经济腾飞,综合国力不断加强。新千年伊始,中国"入世",使中国经济进一步与国际接轨,我国同世界各国开始了全方位、多层次、宽领域的交流。越来越多的高级别国际会议在我国召开,翻译的内容无所不包,一大批合格的专职和兼职译员担负起对外交往的栋梁作用。1979 年,联合国与中国政府合作在北京外国语大学成立译员培训部;1985 年欧洲共同体(1995 年 1 月 1 日起改为欧洲联盟,简称"欧盟")委员会与中国政府合作为中国培养译员;近几年,国内不少高校不仅在研究生层面开设了口笔译硕士专业学位教育(MTI),还在本科阶段开设了口译专业。[①]各地口译培训如雨后春笋,蓬勃发展,翻译的力量大大加强了。

第二节　口译的定义与种类

一、口译的定义

当人们将自己接受的信息内容以准确方式在较快的时间里使用另外一种语言将其口头表达出来时就是口译,用英文表示为 interpreting,口译作为一种交际行为,其主要目的是将交流中的信息内容完整地进行传递。在现代社会中,口译已经成为基本的沟通方式之一。

商务英语口译指的是译员在商务的情景下,将他人所说的母语和英语进行互译的一种交流活动,而商务英语译员参加最多的活动是商务交流或商务谈判等。口译所包含的内容很多,而商务英语口译也只是其中的一个分支内容。

通常的口译活动都需要译员至少将两种语言互相转换,因此译员必须要具备的身份就是双语者,即能够掌握至少两种不同语言的人。想要成为一名译员,就必须要有能掌握多种语言的基础条件,但有许多能掌握多种语言的人都无法担任译员一职,因为在成为一名合格的译员之前是需要经过专业训练的。举个例子来说,所有的中国人都会说汉语,但汉语教师的职位不是所有的中国人都可以担任的。

口译工作对译员的要求包括熟练掌握双语技能,拥有理解语言的能力、良好的表达能力、优秀的反应能力和记忆能力,还要求拥有信息组合能力,同时还要有丰富的知识储备。作为一名商务英语译员,更是要掌握各种商务知识,并学习同口译相关的各项技能,在不断的训练中提升自己、强化自己,在实践中完善自己。

二、口译的分类

口译活动有多种不同的划分标准,下面主要介绍三种分类。

(一)按翻译形式分类

按照翻译的形式,可将口译分为以下四种。

1. 交替传译

交替传译用英文表示为 consecutive interpreting,有时又被人们称作连续翻译或即席翻译,这种口译活动通常都是在讲话人自然停顿的时候,译员将讲话人所表达的信息翻译给观众听。[②]在交际过程中,无论是单方的连续讲话,还是双方不断地交替谈话,都可以使用交替传译。但通常前者说话持续的时间比较长,所蕴含的信息内容也比较多,译员在口译互动中需要记录笔记;而后者则需要译员不断地切换语言,对信息内容进行翻译。

在口译活动中,译员最早使用的口译方式就是交替传译。交替传译这种方式对于译员来讲是压力比较小的一种方式,说话人通常都会有停顿的时间,译员可将这段时间用于整理笔记和分析说话人想要表达的信息,从而对发言的内容加深理解。即便如此,这种口译的方式依旧有不适用的地方,第一,发言人为方便译员的翻译工作在发言期间总要停顿一下,这对于发言人来讲会影响其思维的连贯性;第二,经常停顿会对交流的效果产生影响。

2. 同声传译

同声传译用英文表示为 simultaneous interpreting,"同传"是它的简称,有时人们也会称其为同声翻译或同步口译,译员在使用这种口译的方式时,需要和发言人同时说话,一边听发言人讲话的内容,一边用另一种语言将信息传递给听众,但译员所表达信息通常会比发言人慢半句或一句,并且是断断续续翻译的。因为英语的结构和汉语的结构之间的差异比较大，所以在翻译的过程中不能一个字一个字地将发言的内容翻译过来，这样是没有办法传达出真正的发言信息的。由此可见，同声传译并没有做到完全的"同声"，所说的"同时"也并不是真正的"同时"。

在同声传译时，译员需要在专门的口译工作间中工作，该工作间用英文表示为 booth，它原本的含义为箱子。该工作间所具有的最大的特点是隔音，译员在工作间中通过耳机获得发言人的讲话内容，在对讲话的内容进行分析和语言转换之后，通过麦克风将内容传递给听众，听众通过耳机接听翻译的内容，听众可以通过调整语言的频道听取自己想要听到的语言。

同声传译通常在大型的国际会议中使用，这种口译方式的好处在于不会干扰发言人的思维连贯性，听众也不会在听不懂发言人所说的语言的时候干坐着，同交替传译方式相比，同声传译翻译的效率更高。

同声传译是一种难度比较大的口译方式，因此需要更加专业的口译人员，口译人员也需要更加专业的设备，这就会导致会议所需的成本提高，但从口译的质量角度来看，由于其难度的问题，同声传译的质量并没有交替传译的质量高。

同声传译是一种十分复杂的口译方式，这种口译方式要求译员有极高的素质，因为译员在进行同声传译时通常是听着发言人正在说的内容，但翻译出来的是上一句说话的内容。同声传译对口译时间的限制也是十分严格的，译员需要在极短的时间内听辨源语言（source language），预测源语言信息、理解源语言信息、记忆源语言信息以及转换源语言信息；对于译入语需要进行监听、组织、修改和表达，同时需要将译入语的译文表达出来。

同声传译的译员需要有优秀的思维能力和高超的语言技巧，才在能较短的时间内，排除口译过程中的干扰，完成会议上的口译任务。考虑到长时间的不间断工作，会对译员的脑能量以及注意力造成一定的影响，通常在一场会议中会安排 2 ~ 3 名译员为一组，开展口译活动，并要求每名译员在工作 20 分钟之后进行轮换。

3. 耳语传译

耳语传译用英文表示为 whispering interpreting，这种口译方式要求译员将对方发言的内容以耳语的方式，不断传译给另一方。这种口译的方式和同声传译的方式是比较相似的，其不同之处在于传译的对象以及传译的场合,同声传译通常用在国际会议中,而耳语传译通常用在接见外宾的场景或参加会晤等场景中;同声传译的对象是大会中的听众,这些听众是一个群体,而耳语传译的对象是个体。

4. 视阅传译

视阅传译用英文表示为 sight interpreting,人们经常听到的"视译"就是其简称。视阅传译是一种比较特殊的口译方式,其接受源语言信息的方式是通过阅读,其表达译入语的方式依旧是口头表达,因此,在视阅传译的过程中,译员需要一边看提前准备好的口译文件,一边将语言中的信息通过另一种语言传译给听众。

视阅传译前的准备工作是十分重要的,在口译活动开始之前,译员需要一段时间快速浏览需要翻译的文稿内容,但如遇到紧急情况,或有保密的需要,译员则没有提前浏览文稿的机会。

人们有时候会将耳语传译和视阅传译归类于同声传译,因为这三种口译的方式都是连续不断地进行口译活动。

（二）按译入语的流向分类

从译入语流向的角度来看,口译一共可分为以下两种。

1. 单向口译

单向口译用英文表示为 one-way interpreting,即口译过程中的源语言就是源语言,译入语（target language）就是译入语,通俗来讲就是译员只需要完成汉译英或英译汉即可,上面提到过的同声传译、耳语传译以及视阅传译就都属于单向口译。

2. 双向口译

双向口译用英文表示为 two-way interpreting,即口译过程中的源语言也可以是译入语,译入语也可以是源语言,通俗来讲就是译员既要完成英译汉还要完成汉译英的口译工作,译员需要不断切换这两种语言,最典型的双向口译就是上面提到过的交替传译。

（三）按译入语的直接性程度分类

按照译入语的直接性程度,可将口译分为以下两种。

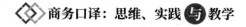

1. 直接口译

直接口译用英文表示为 direct interpreting，即口译过程中只有源语言和译入语，口译的时候也只需要将源语言转换为译入语即可，不需要有其他的中介语言（intermediate language）。

2. 接力口译

接力口译用英文表示为 relay interpreting，这种口译方式和直接口译是完全相反的，它不仅需要有中介语言，还要有多种不同的译入语，在口译的过程中需要经历二次语种转换的过程，其具体的操作为，先由一名译员将语言译为所有译员都掌握的中介语言，其他的译员再根据中介语言翻译成各自需要译入的语言。例如，在一个口译场合中，来自不同国家的译员都能掌握英语，那么这个时候就需要有一名译员先将汉语译为英语，其他的译员再根据英语译为其他的语言，在这个过程中，作为中介语的就是英语。因为这个口译的过程和接力过程很相似，因此，被称作"接力口译"。

第三节 口译的过程与特点

一、口译的过程

译员在口译活动中并不是一个简单的"传声筒"的作用，译员所要完成的是一项复杂的脑力活动，并且该活动十分艰苦，同时，译员的翻译活动作为一种思维过程也是十分复杂的。将源语言翻译成目标语言是一个能动的过程，这个过程包括了对语言的分析理解和表达，而这两种语言之间的对应关系并不是在表层结构上就能看出来的，而是蕴含在深层含义中，需要译员挖掘。口译的过程很短，但很复杂，具体来讲就是一个"听与理解—记忆—表达"的过程。

口译是一个复杂的交际过程，其中包含的要素及其之间的互动关系如图 1-1 所示。

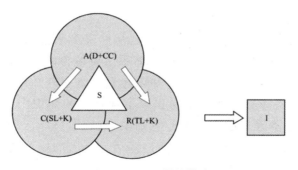

图 1-1　口译训练模式

从图中我们可以看出，三个圆分别为 C、R 以及 A，其中 C 指的是 comprehension，中文的含义为"理解"；R 指的是 reconstruction，中文的含义为"表达"；A 指的是 analysis，中文的含义为"分析"。口译的过程在图中是用指向右方的箭头来表示的；对口译的理解和表达的作用在图中是用指向下方的箭头来表示的。位于核心位置的三角形是 S，它包含了两个内容：一个是 skill，中文的含义为"口译技能"；另一个是 professional standard，中文的含义为"职业准则"。在图片的右侧还有一个正方形 I，其指的是 interpreting，也就是"口译"。

从这个模式中我们能够看到，一个完整的口译交际过程是由两个步骤组成的：理解源语言和表达目标语。能够实现这两个步骤的关键是掌握口译技能和达到职业标准，同时不要忘记，还需要对这两个步骤进行分析。

（一）口译理解

在图中，C 后还有 SL 和 K，其中 SL 指的是 source language，即源语言；K 指的是 knowledge，即言外知识，因此，C 指的是对源语言和言外知识的理解。

口译过程的第一步是最为关键的一步，即理解源语言，而快速且准确地理解源语言内含的信息的方法是掌握源语言的语言知识和言外知识。

源语言中的词汇、词汇的语音、句子的句法以及段落的语篇知识都属于语言知识。口译人员在翻译的过程中需要对单词以及单词的音节进行分辨，其分辨的主要方式是通过掌握语音知识，对于从听觉上识别外语的能力要求是要能达到母语的水平。译员还需要掌握大量的词汇和短语的表达方式以及两种不同语言之间的差异，有一些语篇知识也是需要掌握的内容。

在语言之外存在一定的知识体系，从广义上来看，该体系将各类百科知识包含在内；从狭义上来看，该体系主要包含的是具体的情境知识或者是一些专题类的知识。这种知识体系就是言外知识。对于言外知识的掌握，需要译员在平时就要积累不同领域的知识内容，包括军事、外交、政治、经济等。如需掌握专题知识，就要在口译活动开始之前，对情境下的知识内容进行理解，包括口译活动开展的场合、讲话人的相关信息，以及事件发生的时间等。

（二）口译表达

在图中 R 后还有 TL 和 K，其中 TL 指的是 target language，即译入语；K 指的是 knowledge，即知识，因此，R 指的是译员利用口译技巧，在对译入语和知识内容进行理解，并对源语言进行重组后，将句子完整的意思进行表达。

口译最终的结果就是表达，并且口译质量的好坏就在于最后的表达。译员只有拥有了丰富的目的语知识与言外知识，才能使最后的表达更加流畅和准确。口译表达一定要快，通常会要求使用交替传译的译员在发言人刚刚结束发言的时候就开始翻译，可以有停顿的时间，但不能超过两秒；通常会要求使用同声传译的译员要在发言人说完半句话的时候开始翻译，以免破坏现场的氛围和观众的情绪。口译的表达一定要清晰，表达时的音量和速度要适宜，在面对听众的时候要表现得沉着冷静，注意和观众之间需要有眼神上的交流，说话要大方，在表达时还要注意发言人的措辞，说话的风格以及说话的语气等方面，采取适合的表达方式。

（三）口译分析

在图中 A 后还有 D 和 CC，其中 D 指的是 discourse，即语篇；CC 指的是 cross-cultural communication，即跨文化交际，因此，A 指的是译员对语篇和跨文化交际的分析。想要准确地理解源语言并且流畅地将译入语表达出来，就要注重口译分析的环节，其分析的内容既包括源语言和译入语的语言，还包括跨文化因素，并且贯穿于口译过程的始终。在口译活动的理解阶段，译员通过口译分析可以了解讲话人所表达的内容;在口译活动的表达阶段,译员通过分析使用适合听众的译入语,面向听众流畅地表达出来。

在口译活动中,译员需要将发言者所表达的意义进行分析和理解,在决定选用适宜的词汇、语气以及语体等内容后,才能将目的语流畅地表达出来。口译活动作为一种跨文化交际的行为,要求译员具有跨文化交际的意识。

二、口译的特点

梅德明老师是我国的口译教学专家,关于口译的特点,他将其分为了以下五点。

(一)即席性强(extemporaneousness)

口译实际上是将语言符号进行转码的一种活动,并且该活动对于译员来说都是临场进行的,经常会缺少事前的准备工作。译员在口译活动中可以通过话题推断此次口译的主题,但对于说话者接下来要表达的内容通常是难以预测的,这种困难在商务谈判中表现得更加明显。

在表达信息的连贯性以及接收信息的连贯性上,会因为交际双方多了一个人物而使其受到一定的阻碍,因此,在交际过程中,对话双方都不会希望译员占用较长的时间完成口译活动。所以,译员在即席反应和临场发挥上需要具有较高的水平。

(二)压力大(stressfulness)

口译过程中的压力来自口译的环境,也来自译员的心理。在不同的口译场合中,其口译的环境氛围也是不同的。例如,如果是观光口译,那么口译的环境就比较轻松随和;如果是会议口译,那么口译的环境就比较严肃。有一些经验不足的口译人员在气氛比较严肃的口译场合中就会有比较大的压力,情绪过于紧张会使译员在口译的过程中产生错误,从而降低了译员的信心,影响口译的质量。同时,口译场合的气氛是会发生变化的,心理压力较大的译员其反应也变得缓慢,来不及应对突发情况,往往影响正常的口译水准。

译员在口译活动中需要将口译的氛围如实地表现出来,不能随意地

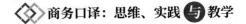

调节口译的氛围，尤其是在会议口译以及谈判口译等场合中，同时，译员不能因口译的氛围而对自己的情绪产生影响，同样也不能引导口译现场的氛围。

（三）独立性强（independence）

口译活动是需要译员独自进行的活动，译员所承担的责任也随着独立性的增强而加大。在口译的过程中，译员遇到问题是没有人能帮助他的，同时，译员也没有办法避免口译过程中所遇到的各种问题，并且，这些问题所涉及的内容也很广泛，可能是同语言知识相关的内容，可能是同传统文化相关的内容，也有可能是同社会背景相关的内容等。在口译的过程中，译员也没有使用工具书查找相关资料的机会，也不能让发言者自己解释问题的意义，或不断地重复语句。

口译的责任是需要由译员自己来承担的，译员不能随意翻译，不能信口雌黄，遇到问题时也不能乱译。有一些口译的场合，在后续的环节中是可以加以改正的，例如，在商务谈判的场合中，如果译员产生了严重的错误，在后续起草的环节或者是签署协议的环节，译员还可以对错误的地方进行改正。但是在大部分的口译活动中，译员都是没有改正的机会的，因此译员所要遵循的最重要的一项原则是"译责自负"。

（四）综合性强（comprehensiveness）

口译活动的综合性具体表现在其包含了视、听、说、读、写共五项活动。其中视指的是译员需要具有观察说话者的各项非语言因素，包括面部表情、情绪姿态以及手势等内容的能力；听指的是译员需要具有听懂带有地方口音的语言能力，同时还要跟得上说话者的语言速度；说指的是译员需要具有表达母语的能力和表达外语的能力；读指的是在视阅传译中，译员需要具有阅读理解的能力；写指的是译员需要具有双语速记的能力。

口译作为一项传播信息的活动，具有立体式和交叉式的特点，然而译员在口译的过程中会因信息传播的渠道以及多层次的信息来源而产生困难。例如，如果发言者带有浓重的地方口音，就会给译员的翻译工作带来一定的困难。但有时译员所遇到的并不都是困难，例如，在观光口译的场景中，因为现场更加的直观，说话者的肢体动作更生动，从而可以为口译工作带来一定有利的条件。

（五）知识面宽（miscellaneousness）

口译知识面宽的特点主要表现在传递的信息所覆盖的内容是没有限制要求的，口译的内容可以是文化生活也可以是政治社会，可以是商务会议也可以是军事谈判等。

由此可见，口译这门职业的专业性质很强，担任该职位的译员需要有基本的语言功底，还需要有出色的双语表达能力和熟练运用口译的各项技能，这些内容是对一位合格的译员所提出的最基本要求。

口译的对象并不只是同一个阶层的人，他们可以来自不同的行业，可以受过不同程度的教育，可以具有不同的文化背景，但无论是哪类人，在交谈的过程中都会将自己的专业知识表达出来，而译员为了完成口译的任务，就要对这些内容多多少少都有些了解。因此，对于译员的要求，不仅是语言能力上的要求，而且还需要掌握许多不同领域的知识内容。

第四节　口译的标准

与笔译遵循的以"信""达""雅"为代表的标准不同，口译因翻译所受的时空限制以及口译和笔译在翻译过程中不尽相同的处理方式和特点，口译的衡量标准更加明确和更具可操作性。

将信息传递给交际双方就是译员在口译活动当中的主要作用，因此，"准确"是口译活动中最基本的一项标准，而口译活动的第二项标准为"流利"，设定该标准是因为口译活动是一项现场的活动，关于译员最后的译文是否"优雅"，需要结合口译的实际情况做出具体的要求。

上述这三个标准中，作为底线的标准是"准确"，这要求译员在翻译的过程中需要将准确的源语言的信息传递给信息的接收者。其信息内容所包含的不仅是讲话的主题和观点，还包括讲话人的说话风格。

在对源语言进行翻译时有三种翻译的方法，即直译、意译和解释译法，这三种方法都要求听众能够接收到源语言所要表达的信息内容，因此，在翻译的过程中，需要找到这三种译法之间的"契合点"。

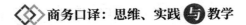

例如，原语句为："There is a mixture of the tiger and the ape in the character of a Frenchman." 如果用直译的方式进行翻译，可译为："在法国人的性格中存在老虎以及猿的元素。"如果用意译的方式进行翻译，可译为："法国人不仅具有残暴的性格还具有狡猾的性格。"如果用解释译法的方式进行翻译，可译为："法国人的性格——虎恶狐狡，兼而有之。"

以上三种译法，第三种最能体现原话的精神。

口译不准确会对听众产生误导作用，严重的还会造成政治矛盾或经济纠纷，所以，作为一名负责任的译员，首先应该保证所译的内容是正确的。口译的内容不能包含译员的主观猜测，译员也不能随意增删原话内容。

"流利"是口译的另一个必须遵循的标准，也是口译特点的体现。这里所说的流利不是让译员说得飞快，使听众不知所云。一般而言，译员所用的口译时间与发言人所有的时间大抵相当则被视为流利。关于口译人员的培训工作，欧盟提出了相关的要求，在口译时间上，译员在即席翻译过程中不能占用超过发言人所用时间的四分之三，并且译员的口译速度要统一，不能有的地方快一些，有的地方慢一些，也不要在口译的过程中说口头语和废话，当遇到困难时，也不要出现"嗯嗯啊啊"的情况，不能支支吾吾地说不清楚。

第五节　译员素质分析

一、译员需要具备的能力

"语言、知识、技巧"可谓口译中的三驾马车，要成为一名合格的口译员，三种能力缺一不可。

（一）双语能力

口译中的语言能力是指双语能力。口译人员处于交谈者双方之间，起着桥梁的作用，是必不可少的中间人。作为一名英汉口译工作者，良好的汉语和英语功底是前提条件。通常中国译员 A 语为汉语，B 语为英语,一名合格的译员需要具备自由驾驭两种语言的能力,包括听辨理解、意思转换和表达能力。作为一名汉英口译员,如果对汉语或英语不十分精通,那是一种职业性的欠缺或者被视为不具备作为译员的基本条件。这不仅辜负了听众对译员的期望和信任,对译员本人的声誉和前途也会带来不利的影响。

（二）言外知识

掌握两种语言是成为一名合格译员的基本条件。但仅掌握两门语言还不够,因为译员并不是机器,不是把发言人所说的字词进行机械的转换,译员还应具有较宽的知识面,对政治、经济、文化等各个领域均有所了解,熟悉国际组织及其职能、国内外大事和热点问题,懂一点各行业的专业知识。

除此之外,译员需要对对方国家的幽默感有所了解,尤其是对对方国家的语言产生较大影响的名著和重要的历史人物等,同时还要对该国的传统习俗有所了解。口译的氛围和质量都和这些内容相关,会因此受到重要的影响。译员对口译内容的了解程度以及对信息的背景知识的了解程度都会对口译的结果产生重要的影响。译员虽然经常翻译不同类型和不同题材的口译内容,但译员依旧不能将所有的事情都掌握,所以在口译开始之前,译员需要做好充足的准备,将专业知识的内容补足。

（三）口译技巧

口译技巧贯穿整个口译过程中。根据丹尼尔·吉尔（Daniel Gile）教授[③]的口译认知负荷模型（The Effort Models）中的交替传译认知负荷模型（An Effort Model of consecutive interpreting）,交替传译分为"听与笔记"（the listening and note-taking phase）和"言语表达"（the speech production phase）两个阶段,第一阶段 = 听与分析（listening and analysis）+ 笔记（note-taking）+ 短时记忆（short-term memory operation）+ 协调（coordination）;第二阶段 = 回忆信息（remembering）+ 读笔记（note-reading）+ 表达（production）+ 协调（coordination）。模型中涉及的各个环节都离不开相关的技巧,如听辨、记忆、记录、语言转换、表达、注意力分配以及应急处理等,只有合理分配精力,译员才能顺利完成口译"输入—转换—输出"的全过程。

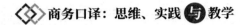

二、译员所具备的特质

对于一名合格的译员来说，语言、知识和技巧是必备素质。然而，口译既是科学，也是艺术。因此，口译员还需要一些特质。

（一）敏捷的思维

口译活动包含理解、转换和表达三个阶段，但译员并没有时间分别做好这三个阶段的内容，这也是其特殊性所在，尤其是在同声传译的过程中，译员要将这三个阶段的内容一次性完成。译员在接收发言人的信息时是消极且被动的，所以要将所有的观点都接收过来，但译员在表达的时候是积极且主动的，要使用不同的语言将发言人所有的意思都表达出来。球员是对译员最好的比喻，译员在接到"球"之后，需要立刻有所反应，将"球"传出，同时要保证这个过程的准确性和平稳性。

（二）出众的记忆力

口译人员需要有非凡的记忆力，这完全是由口译工作的特定性质所决定的。认知心理学家把记忆分为"短期记忆"和"长期记忆"两类。"短期记忆"是即兴的，持续时间不长，在口译中表现为译员需记住发言人所讲的内容；"长期记忆"就像一个存储系统，从口译角度来看，译员需储备各学科、各领域的专业知识、词汇、缩略语、成语及典故等。

这两种记忆力对译员都很重要，长期记忆的重要性毫无疑问，因为译员通常无法查阅词典或参考书籍，很多东西都靠长期记忆。短期记忆也是如此，在交替传译中，译员需记住发言人的讲话内容。

因为译员用于口译的时间很短，因此，在记忆的过程中，译员只能将发言人的主要意思以及内容的大体框架记住，在表达的过程中，需要译员根据自己的记忆力将所有的内容连接起来，并流利地表达出来。在同声传译的过程中，译员需要边听边译，这对译员的要求已经很高了，在翻译的过程中有时可能还会遇到长难句，这对译员在记忆力上的要求就更高。所以，译员需要有出色的记忆力，还要学会忘记自己已经翻译完的内容，方便继续记忆新的信息内容。

（三）超强的责任心

国际会议口译员协会（The International Association of Conference Interpreters），简称为 AIIC，1953 年正式成立。该协会专业管理条例中的第三条对协会会员做出了明确的规定，认为如若协会中的会员在遇到某一项口译任务时，如果明确知道自己并不能完成这项任务，就不应该接受这项任务。

无论是口译工作还是其他的工作，相关工作人员都需要拥有良好的职业道德以及对工作的责任心，而译员的责任心主要体现在以下两个方面。

第一个方面为"忠实"。译员需要准确地将对方所表达的意思进行表明，无论使用哪一种翻译的方式，都要保证符合发言者原本的意思，不能私自在原话中添加或删减内容。同时，译员如果没有明白发言者的意思，不能凭借自己的感觉传译给对方，也不能装作自己明白了的样子，否则会对双方的交流产生一定的障碍和误会。

第二个方面为"尽职"。译员需要严格遵守职业道德。口译活动是一种外事活动，译员的行为举止都和国家的形象以及机构的利益息息相关，不仅需要对国家的机密内容进行保密，对服务对象的机密内容也同样需要保密，绝对不能做出对国家造成危害的事情，也不能做出对人格造成损害的事情。④

（四）惊人的理解力

译员的理解力除对标准语言表达的理解外，还表现在两个方面：一是译员应具备很强的语言适应能力，能够听懂由于发音不准所造成的很费解的讲话。二是并不是所有的发言人都用自己国家的语言进行表达，而这些人在说英语的时候会因自己国家语言的语音语调而带有严重的口音。例如，有一些国家的人在遇到 [t] 和 [d]、[r] 和 [l] 以及 [k] 和 [g]时，并没有办法将这几个音区分开来，因此，译员在进行口译时，会遇到一定的障碍。如果是进行会议的口译活动，有一些有着较强理解能力的译员在会议开始之前，会通过和发言人的交流找到其发音的规律，从而减少口译时的难度；有一些有着丰富经验的译员，在会议开始之前如果没有机会和发言人交流，也会根据自己的经验以及知识储备，对发言人的内容进行分析，从而了解发言人想要表达的意思。在面对带有口音的发言人的情况时，最有效的办法就是在平时的时候多加训练，尤其是练习发音不标准的内容。

还有一些发言人没有优秀的表达能力，在叙述时往往语无伦次，这就要求译员有较强的理解能力，对发言人所表达的内容通过自己的理解将其进行整理，并进行翻译，使译文变得通顺，富有条理和逻辑。

总体来说，口译作为一项技能来讲，其最大的特征就是它的综合性，对译员在反应能力、灵敏度、准确度以及发音等方面都有着较高的要求。随着国家和社会的发展，口译所包含的内容也不断增多，译员不仅要了解各个国家的政治经济、社会文化等内容，国家之间的军事外交和商务活动等也要有所了解。也正是因为这种现象，"活字典"和"会行走的百科全书"就变成了人们对译员的称呼。

因此，高级口译人员必须能够熟练运用两种语言、具有广博的专业知识并掌握各种口译技巧。⑤

本章注释：

①　陈雯，章昌平．国内外口译研究与实践进展 [J]．绍兴文理学院学报（教育版），2017，（2）：75-81.

②　康志峰．口译的分类、方法和技巧 [J]．英语知识，2012，（8）：1-4.

③　丹尼尔·吉尔（Daniel Gile）：来自法国巴黎第三大学、巴黎高等翻译学校的口译界知名教授，吉尔教授是世界公认的最顶尖口译研究学者之一，是欧洲翻译研究学会主席、国际会议口译员协会（AIIC）会员，拥有日语和语言学的双博士学位。发表文章多达 190 篇，著有《国际会议口译研究》和《翻译训练的基本概念和模式》等 8 本学术专著，且身兼 Meta 和 Target 等学术期刊的客席编辑。

④　张宁，俞丽丽．译员素质再探 [J]．郑州航空工业管理学院学报（社会科学版），2010，（4）：134-136

⑤　韩晓云．浅谈职业译员的素质培养 [J]．知识经济，2017，（3）：147-148.

第二章　基于思维理论的商务口译多角度分析

第一节　思维理论阐释

口译可以看作一项双语思维活动,对于这项活动的研究应该放在动态过程中,然而在翻译的传统研究中,人们更加注重的是静态结果。

可以说,人类对大脑的研究已经取得了丰硕成果,但对双语思维转换机制还缺乏了解和实验,这给认知科学提出了新课题。

一、口译的动态过程

口译的过程包括听辨语言,对内容进行推断、分析、理解、记忆,最后将其表达出来,这个过程是通过借助认知知识来完成的。[①]法国巴黎高等翻译学校创建的释意理论是最早对口译的动态过程进行研究的学派。20 世纪 60 年代,当语言学占绝对地位的时候,该派创始人塞莱斯科维奇(Seleskovitch)便发出了不同的声音,引起了许多语言学家的讨论。关于口译活动的这些环节,安德逊(Anderson)和吉尔(D. Gile)都做过相关的研究,前者是在其提出的程序性知识发展模式中进行分析,后者是在其提出的经历分配模式中进行分析。安德逊还将知识的习得划分成两个部分:第一个部分是知识编译和协调程序,第二个部分是认知学习和能力发展模式,在该内容中也同样对口译环节进行了分析。其分析的主要结论是关于认知知识自动化处理的可能性以及处理的范围。

蔡小红按照口译的特点,分析多种不同模式之后,研究出了交替口译过程模式。该模式主要由源语、译语和转换信息概念组成。其过程包括四个部分：第一个部分为输入信息源的过程；第二个部分为对信息进行处理的过程，处理过程又分为两个阶段，即理解阶段和产出阶段，前者指的是对有声输入进行辨认、分析以及综合机制，后者指的是合成机制和发生机制；第三个部分为记忆的过程，这个过程是通过合成概念形成机制完成的，主要包含两个任务：第一个任务为要做到译员的交际意图就是发言人所说的话，第二个任务为根据第一个任务制订相关的话语计划，并将记忆任务分担给综合机制；第四个部分为储存的过程，这里主要指的是长期记忆，所包含的内容有输入的内容、输出的内容以及一些在内部用于监控连接的心理词。

无论是哪一种模式，都证明了口译的过程实际上是一个动态的过程，在表述和理解言语内容时，其实就是逻辑推理和分析的过程，同时，其表述和理解是有依据的，主要是认知知识和主题知识，推理和分析的过程也不是简单地将言语内容进行辨别，而是深入分析其涵盖的信息和意义。

译员在口译过程中需要在听的同时进行分析，在分析的同时进行记忆，在记忆的同时进行表达，有一些口译活动是在记忆后再进行表达，但无论是哪一种口译活动，译员在口译过程中的注意力始终都是分散的状态。

有些理论家认为，人类具有在不受干扰的情况下可以同时顺利完成两种复杂任务的能力。这些理论家支持多种特异性加工资源的观点，认为如果两个任务分别利用不同的加工资源，那么任务之间应该不存在干扰。因此，译员理解过程中的信息加工并没有超出人的正常能力。但必须指出的是，译员在理解后存储的内容不是语言，而是信息意义。

语言交际的客观规律在于形成表述动机的同时意义也随之产生了，如果表述缺少了动机，那么就没有办法完成表达，这个道理也印证了"意在笔先"这一说法。

二、口译的三种思维

对口译过程的研究将传统的对翻译的静态研究带入了动态研究，它对我们更好地认识人类翻译活动并推动翻译研究向跨学科和科学化道路的发展很有帮助。但如果想科学地解释口译的机能转换过程，恐怕还需要神经学、认知学及信息学专家的参与。目前,世界上已有认知心理学专家对口译的认知行为感兴趣,例如法国卡昂大学认知研究中心主任魏威(J. Vivier)和他的美国博士生马尔泰(K. Martel)。他们的研究领域是国际会议翻译,研究课题是讲话人的手势在译员理解和表达中的作用。他们对数场翻译进行录像,剪接所有出现手势的片段,对照相关的源语和译文进行分析。初步研究结果证明,国际会议译员在听讲话人的信息时处于"全方位"接受和分析信息状态,手势是语言外直接影响信息意义的重要因素之一,对译员的思维和分析有重要意义。

关于译员思维的特点,最先要了解的内容是思维的定义。思维实际上是认识活动的过程,这个过程主要是完成分析、判断和推理等任务,而这些内容完成的基础就是表象与概念。在整个翻译过程中,译员的思维活动在心理机制中处于主导的地位以及最中心的位置,因此,思维的具体内容以及思维的活动规律对翻译的整个过程都起到了制约的作用。在思维活动中,思维的主体会对一些内容进行加工和处理,完成后的信息与知识内容就是思维内容,思维主体社会实践中所遇到的思维对象就是由这些思维内容决定的。②

我们不能将单一语言的口语交际看作口译交际行为,这是两个完全不同的概念。在交际的过程中,译者既处于接收人的位置被动地接收信息,又处于发言者的位置主动地发出信息。分析译者的双重作用,要求其在听辨信息的时候,既需要认真对待又要保持中立的态度,在接收信息的时候需要对所用的内容进行理解,不能根据个人的喜好对内容进行忽略和删减;在表达内容时需要将接收的内容完全准确地传递出来,不能根据个人的观点随意添加内容,从而完成口译的全过程。

用一种语言接收信息,用不同的语言表达同一信息是翻译交际行为的突出特点。研究口译的信息接收和发布可以发现,口译中抽象思维和形象思维有其明显特点。尽管"人为什么能够理解"在相当长的时间内仍会是秘密,但"人如何理解"或理解的逻辑——其法则或规律背景——则可以被揭示。语言研究显示,一个人思维的形式受制于他没有意识的固定的模式规律。

(一)口译逻辑思维的重要性

逻辑思维的另一个名称为抽象思维,这种思维活动主要是通过利用相关的逻辑工具对内容进行推演以及抽象。逻辑思维的特点为对象抽象化，针对该特点又可以将其分出三点内容，即思维对象的纯粹化、思维映像的清晰化以及思维含义的一般化。学习语言的人在听一段信息的时候经常会觉得自己所有的内容都听到了，但是脑中记忆下来的内容只有信息中的几个单词，并且对于信息句子的意义没有产生概念，自己好像理解了又好像没有理解。产生这种现象的主要原因有四点：第一点在于自己没有足够的语言水平；第二点在于对于表达的信息内容没有找到相关的知识内容对其进行理解；第三点在于对信息内容只是在听，而没有主动地对其进行分析和理解；第四点在于没有将理解完成的信息内容在脑中记忆下来。

在翻译讲话或文章的时候，首先应该清楚讲话者是谁，主题是什么，讲话特点是什么，其内在的逻辑关系是什么，要在听的时候有意识地记忆。

发言人一般是为了达成某种目的才进行的正常交往活动，如果不了解上述的内容，在分析和判断的时候会使自己的逻辑思维产生混乱的现象。译员在翻译论述性较强的讲话内容时，就需要运用到自己的逻辑思维，分析出发言人讲话时的思路，再对内容进行翻译，完成交际的目的。一般组成论述类讲话的部分有许多，每一个部分还有可能是由其他部分的内容组成的，因此，译员在翻译的过程中所要记忆的内容包括发言人的论点和论据、内容的逻辑关系以及结论等内容。

在 2004 年暑期《中国翻译》③编辑部组织的口译教学法培训中，一位教师听完一段讲话后自认为理解了，也记住了，但重新表达的时候却全忘了。她反复对教师说，"我真的记了，但就是说的时候不知道怎么全忘了。"

这种现象产生的原因可分为以下几点：首先，在听的过程中，由于没有对内容进行逻辑上的分析，这样就会导致所听到的内容是一个个的词汇，而连不成句子；其次，在听的过程中，没有将各个句子的内在信息从逻辑上连接起来，从而导致没有对句子的信息内容完整地记忆下来；最后，译员在脑中记忆下来的只有零星的几个词，而并非句子，更别说将整段的信息内容翻译出来了。

译员对有声语链是如何进行逻辑分析的？有这样一段讲话，主题是"环保关系到经济的可持续发展，更关系到子孙后代的未来"。从题目看，讲话的逻辑关系是：环保与经济的关系，目前经济的发展与可持续发展的关系,可持续发展与未来的关系,未来生活和工作环境对子孙后代生存的重要性。

在开始翻译之前,掌握发言者的讲话逻辑有助于译员跟踪发言者讲话的内容以及讲话的顺序,当发言人在表达的过程中出现了意外情况,其讲话的内容依旧是按照原来的逻辑进行的,因此,从译员的角度来看,在翻译开始之前,掌握逻辑关系是十分重要的一件事情。

译员的逻辑分析可以通过记笔记的方式表现出来,尤其是在交替传译的活动中,按照笔记上的逻辑,译员可以回忆起发言者所表达的内容,帮助译员顺利完成口译活动。这是因为,译员记忆的信息与先前的知识有联系,信息线索与信息一起被贮存在大脑中。译员拥有超常记忆是很多人的看法,这种看法有一定的道理,但也有偏见。

（二）口译形象思维的重要性

在人们的思维活动中,形象思维也是最基本的一种。形象思维作为一种思维活动,其主要的思维手段是通过形象。形象思维所包含的内容有四个方面:第一个方面针对识别对象,主要是通过对对象的形象特征进行把握来完成的,并且识别对象的内容不仅包括表层还包含本质;第二个方面针对理解和推断对象,主要是通过联系对象的形象来完成的;第三个方面针对描述对象,主要是通过对对象形象的景貌来完成的,描述的内容包括科学技术和艺术文学;第四个方面针对人们的操作活动,主要是通过对对象形象的构图来完成的,操作的内容包括复制已经存在的形象和创造还未存在的形象。

无论是文学翻译,还是一般性讲话的翻译,译者的形象思维能力是不可缺少的。"十指如葱"在汉语中可以用来描述窈窕淑女纤细美丽的手指,产生美学效果,但在有些西方语言中却不能产生类似的效果,甚至效果大相径庭,理由是他们食用的常常是我们所说的"鸡腿葱"。同样,描述西方的山村或乡下生活,也需要译者具备与本土人相同的文化背景知识,脑海中呈现必要的形象,否则翻译出来的内容会出现偏差。中国人现在谈到山村时恐怕还有不少人将其与"落后"和"贫穷"联系在一起,还没有西方人"享受或回归大自然"那种感受。况且,无论是逻辑思维还是形象思维在口译中都有助于译者的概念化和记忆存储,大大提高表述的质量。例如,厂家在介绍产品特性时通常是先从外形特征谈起，然后谈其技术和使用特点，最后是价格问题。如果能将听到的信息或情景形象化，会有助于讲话的翻译。中国人由于汉语象形文字特点，形象记忆能力相对较强，开发使用好这一记忆特点对口译非常有益。口译人员接触描述性讲话的机会很多，可以描述一个人的特征，一个产品的特征和特性，一个地方的特征等。这些描述性讲话也常常需要形象思维能力的发挥。

（三）口译灵感思维的重要性

灵感思维是人类已发现的三种基本思维类型之一。灵感是借助直觉和潜意识活动而实现的认知和创造。

灵感思维的另一个名称为显思维活动，该活动是人们在有意识的情况下主动完成的活动，这种思维活动是会被人们意识到的，而人们将思维活动转化成显思维活动的全过程就是灵感思维过程。灵感之所以会出现，是因为人们意识到了潜意识中的内容，并将其转化成了显思维内容。

灵感是三维的，它与抽象思维、形象思维不同，表现在其具有突发性、偶然性、独创性和模糊性等几方面特征。如果说文学翻译需要译者的灵感，口译也不例外。由于时间的限制，译者听完讲话必须立刻表述听懂的内容，这种即刻表述很大程度上是对译者灵感的考验，没有灵感，翻译出来的内容有可能显得僵硬、死板，或者拘泥于语言形式；相反，灵感会使译文生辉。口译中灵感的产生还依赖其他因素，如果译员事先所做的主题准备非常充分，休息充足，灵感的产生便有可能。要说明的是，口译中的灵感不是灵机一动，它受很多交际因素的限制和影响，换句话说，大量的练习和实践是"灵机一动"的前提条件和保证之一。尤其是遇到诗句、固定词组、比喻、文化差异等问题时，灵感是灵活处理的前提条件之一。如果用中文说一个人"瘦得像钉子"，虽然中国人能接受，但不是常见说法，不如用"瘦得像猴子"，这里不单单是固定词组的翻译问题，因为在笔译中译者有相对充足的时间思考，从而选择更恰当的译文；口译中可以根据自己的水平和当时的情况将其翻译成"瘦瘦的""很瘦""瘦得像钉子""瘦得像猴子""苗条"或者"纤细"。中文讲一个人由于病重"卧床不起"，法语中可以用"钉"在床上。这里只是一个简单的比喻，在职业翻译中遇到的需要灵感的情况远比这些要复杂得多。

三、口译的记忆特点

在译员中有可能会存在记忆力超常的人,但大部分的译员都不会拥有超出常人的记忆力。关于记忆的条件,艾利逊(Ericsson)提出了三条内容:第一条为意义编码,用英文表示为 meaning encoding,意义编码的概念同加工水平理论有相似的内容,主要是在意义层面上加工信息,并将信息同自己拥有的知识内容联系在一起;第二条为提取结构,用英文表示为 retrieval structure,提取结构的内容和编码特异性原则有相似的内容,主要是将信息同线索一同存储在脑中,有助于日后对信息的提取;第三条为加速,用英文表示为 speed-up,指的是提高信息编码和提取的速度,最终达成自动化的过程。译员的记忆方式与记忆技能就满足了这三条内容。

有些人认为译员有超常记忆,那么学者对记忆的研究结果又是什么?是否存在超常记忆?看似记忆超常的人的记忆方式如何?艾利逊和肯舒认为,特殊记忆能力依赖于所贮存的知识而不是一个加大的工作记忆容量。

从他们的观点来看,想要实现特殊记忆才能,最关键的点在于译员是否能将信息的编码同提取信息的线索相联系。当译员在某一时刻想要提取线索时,就需要该联系的帮助,使其在头脑中找到编码过程中所使用的条件,将想要提取出来的信息内容从长时记忆中取出。并且,在他们研究的关于超长记忆的模式中,译员能够拥有超出常人的记忆能力的基础就在于意义编码,而这种编码的保障就在于提取结构和提取的速度上。

译员在口译的过程中,虽然是听取完整的信息内容,但大脑加工的内容是这些信息的意义线索,储存的也只是这些意义线索,这些线索在头脑中相互关联并相互依赖,而译员激活这些线索的一种方式就是记笔记。和普通的听众相比,由于译员受过专业的训练,他们能更快地将发言人的信息内容提取出来,而提高对这些信息的加工速度就在于收集信息时高度集中的注意力,再在较短的时间内用另一种语言表达出来。

应该说,译员的逻辑思维、形象思维和灵感思维能力是记忆的基础和保证。很显然,对记忆的分析不仅进一步否认了翻译是单纯语言转换行为的说法,而且对口译教学中的记忆训练提出了明确的要求。

第二节　基于思维的商务口译言内言外知识听辨技巧

　　奥斯汀(Austin)认为在交流的过程中存在三种行为,即言内行为、言外行为以及言后行为,这三种行为在语言理解的过程中会产生三种意义,即言内意义、言外意义以及言后意义。

　　在口译活动中,最关键的一步就是理解源语言,译员要在短时间内掌握源语言的内容,并要求其准确性,因此,译员既需要拥有理解言内知识的能力,还要拥有理解言外知识的能力。一般商务活动都会牵扯到巨大的商务利益,为了保证译员在口译过程中不会因为出错而造成巨大损失,译员需要对商务文化的背景以及商务词汇等内容有详细的了解和准确的把握。

一、言内知识听辨

　　冯建中在《实用英语口译教程》一书中描述道:"一名优秀的译员必须具备扎实的语言基本功(良好的英语修养、扎实的汉语基本功),对英汉两种语言的特点和互译规律熟记于心,并且能够在短时间内准确地遣词造句。"

　　语音、词汇、句法以及语篇知识等内容都属于言内知识。译员对言内知识的把握表现在良好的语音基础以及优秀的听辨能力等,译员的英语水平在各方面都要达到母语的水平。在商务口译活动中,译员所要掌握的词汇内容需要同商务英语相关,尤其一些专业的词汇和短语更要熟悉和牢牢把握,对于商务的文化背景知识也要有深入的了解,同时还要掌握源语言的语法结构和译入语的语法结构。译员商务听辨能力的好坏对商务口译的成功与否起到了关键的决定性作用。

　　(一)辨别世界各地不同口音的英语

　　大部分国家的人都会说英语,但受到各个国家本土口音的影响,人们所说的英语都带有一定的本地口音。译员在商务交际的过程中可能会遇到带有澳洲口音的英语、带有欧洲口音的英语或者是带有亚洲口音的英语,有一些口音比较浓重的,可能连美国人自己都听不懂对方在说些什么。发言者在表达的时候在语音、语调以及语速等方面都会有一定的变化,译员在翻译信息的同时还要从这些内容中分析出发言者的态度和情绪,对于不同的态度和情绪,译员在口译的过程中也同样需要表达出来。

首先,在中国的贸易伙伴国中,英国和美国是很重要的两个国家,因此,中国避免不了和这两个国家的频繁交流。这两个国家所说的语言都是英语,同时这两个国家的发音在英语中都属于十分重要的语言变体。但英国英语和美国英语在发音上也有很大的差异,其最大的差异就在于辅音字母 r。在英音中,辅音字母 r 的发音规则为:只有在元音前才发 /r/ 音,在单词的结尾是不发音的,如果 r 在单词的词尾,而该单词后面的单词是以元音因素开头的,这时需要连读,同时 r 也需要发音。例如,在句子 "This is our floor offer."(这是我们的最低价格)中,floor 和 offer 按照英音的发音规则字母 r 并没有发音。在美音的发音规则中,r 无论是作为半元音出现在单词中,还是作为卷舌辅音出现在单词中都需要发音,因此上述例子中的两个单词按照美音的发音规则都发 /r/ 音。

一些元音字母在英音和美音中的发音规则也是不同的,例如在英音中,a 在辅音因素前发 /a:/ 音,而在美音的发音规则中则发 /æ/ 音;在英音中,重读闭音节中的 o 发 /ɔ/,而在美音的发音规则中则发 /a/。在英国英语和美国英语中,存在一些相同的单词,但按照不同国家的发音标准其发音是不同的,例如 schedule 的英音为 /ʃedju:l/,其美音为 /ˈskedʒu:l/,这类的单词又被称作同型异音词。

其次,澳洲英语的发音和英音与美音之间也存在着很大的差别,澳洲英语中 /a:/ 这个音,在发音时的舌位是比较靠前的,其他的元音在发音上和国际音标没有太大的差别,但是澳洲英语在辅音的发音上存在一种类连读的现象,这种现象指的是在没有 r 字母的单词中加入 /r/ 音,例如短语 draw attention to,按照澳洲英语的发音规则的发音为 /drɔ:rəˈtenʃən tu:/。关于重读,澳洲英语习惯以第一个音节为重读音节;关于语调,澳洲英语习惯使用"澳式疑问语气",即每一句话都有升调。

再次,中国在和周边国家进行交流时通常也使用英语,这时候使用的就是亚洲英语,而不同的亚洲国家,其英语的发音也大不相同。例如人们所熟知的印度英语,就是一种明显带有本国语音特色的英语;再比如,新加坡的英语因受到多种不同方言的影响,他们在发音时通常会将单词的重音后移。

最后，欧洲的许多国家都有属于自己本国的语言，例如法国、德国、意大利、西班牙以及荷兰和瑞士等国。这些国家的人在说英语的时候就带有浓重的口音，并且不同国家的口音还带有其自身的特点。英国曾经带领欧洲列强将非洲作为本国的殖民地，因此，如今的非洲英语发音上带有一定的混沌感。

（二）辨别商务口译句法结构

钱敏汝指出："Gadamer 认为它们之间有着根本的内在联系，理解就是一种对话形式，是一个从句子的表层结构到深层结构的过程。"他认为，在理解言语的过程中，最重要的一个环节就是对句法结构的确定，只有确定了句法结构才能决定选择哪一个词以及使用哪一种词法形式。口语就是说话人利用一些词汇和词法句型，通过语音的形式将意义表达出来；理解语言就是听者通过听觉器官接受说话者的句法结构，在脑中对其进行编码转换，并转变成有效的言语信息。

商务英语的内容通常只与当事人双方和部分相关人员（如译员）有关。商务英语涉及的行业较多，如银行、保险、海关等。因此，商务英语在书面语中经常使用复杂句式，句子有时很长，通常一个句子就是一个段落。与书面体相比，英语口语体则显得简单：句子简短、结构灵活，但是译员对这些句子的理解也要深入。吴冰把它归纳为：英语的口语体一般不用定语从句等复杂句式；口译时，复杂的内容用简短的单句来表达同样的意思；当然，商务口译的特殊语法、句法结构，与口译的标准是分不开的。

许多口译专家都对此做过相关的研究。解意派理论创立者Seleskovitch 教授认为口译的标准就是"达意、通顺"；梅德明教授认为"准确、流利"是口译的两个基本标准；口译前辈钟述孔先生也认为"准确与流利"的有机统一是口译的最高标准；方凡泉教授总结的口译的标准中有"及时、准确、易懂、流利"。因此，我们可以从中发现，口译的前提是准确，基本目的是达意，表达要快速、通顺。这就必须选择性地使用商务英语的语法、句法结构。口译的准确即词汇和语句的准确。

1. 商务口译语法结构

第一，常见的存在句 there+be。对于 there+be 句式的口译，可以采用顺译或倒译的方法：顺译可以理解为"有什么东西在哪里"，倒译则是把状语提到句首"哪里有什么东西"。例如，译员在听到"There are 500 cases of black tea, at \$20 per kilogram, in our factory."后，可以译为"有500箱红茶在我们工厂，每公斤20美元"，或者"在我们工厂有500箱红茶，每公斤20美元"。

第二，口译过程中也经常碰到比较级：一种是以than连接的比较级句式，一种是以as连接的比较级句式。我们可以采用顺译，把比较级成分分成单独的成分进行翻译。例如，"Your quotations are higher than IBM."，译员可以使用顺译的方法把句子译为"你的报价高于IBM"。再如，"Your coffee is many times as expensive as it was 10 months ago."可以翻译成"跟10个月前相比较而言，你的咖啡涨价好几倍"。

第三，被动语态是商务英语中经常会出现的时态。译员在面对被动语态时需要对句子的顺序做出调整。关于被动语态的翻译，张培基将其主要分成了三种类型：第一种类型是将被动语态翻译成主动句，例如"The shipping advice be given to the buyer by cable after shipment."这句话翻译成主动句为"在装运完成后，卖家需要将装船的消息以电报的方式通知给买家"；第二种类型是将被动语态翻译成被动句，例如"The whole ship will be filled with containers."这句话翻译成被动句为"一整艘船将被集装箱填满"；第三种类型是将被动语态翻译成"把"字句、"使"字句或"由"字句，例如"The goods had been completely destroyed by the storm."这句话翻译成"把"字句为"这场暴风雨把货物全都损坏了"。

2. 英汉的句法差异

王燕在《英语口译实务（2级）》（修订版）[④]中对英汉的句法差异进行了相关论述，她认为，第一，汉语句子是"主题突出（topic-prominent）"的结构类型，英语句子是"主语突出（subject-prominent）"的结构类型。在将汉语翻译成英语时，可将讨论的主题内容按照主谓句的形式翻译出来，例如，汉语原句为"经济体制改革和政治体制改革要有新的突破"，在译成英语时可译为"We need to make breakthroughs in the reform of political and economic systems."。

第二，英语中有一种被称为"动词拟人"的现象，即主语为客观事物或抽象名词，谓语是形容人的动作、行为等的动词。在翻译成汉语时，应该根据汉语的习惯对句子的语序进行调整。例如，"To be frank, 2011 witnessed the most successful cooperation between us." 可以译为"坦白地说，我们在 2011 年的合作是非常成功的"。

在将英语翻译成汉语时，可以通过多使用动词的方式来完成翻译。例如，英语原句为 "...in graphic detail, the effects of smoking—not only in the lungs, but also in oral cancer, gum disease and clogged arteries"。翻译成汉语可以是"……，香烟盒上需要有相关的详细的图案，用于表明吸烟不但会对人们的肺部造成伤害，也会引发口腔癌、牙龈病以及血管阻塞等问题"。这种表达方式就同中文的表述更匹配一些，从中也可以发现，为了使译文更通顺，在口译活动中需要利用汉语中的一些修辞手段，例如增补内容。

第三，在汉语中，无主句是常见的一种句型，但在翻译成英语时，为了满足英语的语法习惯就需要在句中加入适当的主语和宾语，使译文看起来更通顺。例如，汉语原句为"及时沟通和磋商，避免矛盾激化"，翻译成英语可以是 "Disputes should be addressed in a timely manner through communication and consultation to avoid possible escalation."。

二、言外知识听辨

译员在言语的听辨过程中，不是一味地接受语言信息，而是在自己本身已有的商务及商务英语知识的基础上，主动地对语言的意义进行推论，促进对语言的理解。因此，为了准确理解、把握语言信息，除了扎实的语言基本功，译员还必须拥有语言之外的知识体系：商务百科知识、情景知识和专题知识（如会展英语、陪同英语、物流英语、商务谈判英语等），避免因为缺乏言外知识出现口译卡壳的情况。⑤

（一）语用意义听辨

从认知的角度出发，在交际过程中，对言语的理解，关键是要从言语的语用意义角度去把握。

"本质上，语言表达的意义有自然意义和非自然意义两种。"自然意义就是一种常规认识，一种正面的认识，是没有意图的意义，事实本来就这样。非自然意义则体现了交际过程中的动态认识,不同对象会有不同的认识。有时候,非自然意义往往是说话者最想表达的意义。例如:

例1.We accept your quotations.

例2.You are a really good partner.

在例1中,交际双方以及译员都能直观地理解"我们接受你的报价",不会因为语境等的变化而改变。而例2所表达的意义则有两种:一种是"你真的是一个很好的合作伙伴",说话者非常愿意与听者进行合作;一种是带有言外之意的"你真的是一个很好的合作伙伴啊!"很可能在合作的过程中,由于听话者的不合作或使用其他手段而使得说话者利益受损,说话者由此表达一种不满或嘲讽。因此,译员翻译的时候,要特别注意这种非自然意义的理解和翻译。

此外,译员还需要加强语境意义和思维意义的听辨。为了实现交际的目的,恰当地选择词语和语言形式是必要的,但是不能保证一定实现交际目的。因为,一旦离开了语境,句子的意思就变得模糊了。例如:

例3.Brandy is a little strong for me.

例4.These dishes look fabulous.

在商务活动过程中,我们会碰到类似于例3、例4的句子。如果没有确切的上下文,即语境,我们很难真正理解说话者的用意。例3所传达的信息:"白兰地酒对我来说有点儿烈",但是我们无法明确说话者到底喝还是不喝;若加上"but I can drink a little"信息就清楚了。例4表达的信息也同样模糊:"菜看起来棒极了",说话者到底喜不喜欢吃无法确定。如果加上"And they are all delicious",我们就很清楚了。

有时,如果没能理解说话者的思维意图,听话者就会做出各种推测。例如:

A:I can only offer you 100 cases of black tea.

B:But I have a good market.

话语意义十分明显:"我只能提供给你100箱红茶"和"但是我有一个好的市场"这两句话可能导致以下推论。

关于A:只有这么多箱存货;我只能卖给你这么多,其他要自己卖或被其他客户买走了;你出的价格只能买100箱。

关于B:我的市场渠道很好,多给我一些,价格没有问题;我的市场渠道很好,100箱根本不够卖;我的市场渠道很好,价格低些也没有问题吧。

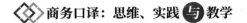
因此，在交际过程中，译员必须抓住语言信息的语境和思维意义，正确地对说话者的意图进行推导，才能准确地传递信息。

还有，Grice 把含意描述为一种必要的意义假说，如果没有这种假说，就无法准确判断说话人的含意。何自然和陈新仁把这种假说称为暗含。例如：

A：Can you lower down your price？

B：Our General Manager is arriving here soon.

根据对话，A 提出了降低价格的要求，B 的回答并没有说能否降价，好像与 A 的问题无关。但是，可以根据 Grice 的推理模式，判断出："等我们的总经理来了，你跟他谈，他会给你合理的价格。"这样，在认知环境和语境假设中找到了关联，经过推理，上述对话就是有效的对话了。

（二）百科知识听辨

口译是一种认知活动。口译过程需要综合运用各方面的知识，包括言内知识和言外知识（特指世界知识）；有的译员因为主题知识和百科知识掌握不够而无法顺利完成口译任务，因而应注意积累言内知识、百科知识、主题知识和文化知识等。可以说，百科知识包罗万象，包括人类生产和生活的各个方面。

商务口译的主题鲜明，包括商务谈判、商务旅行、会展交流、物流流通等方面。高永欣认为，这些主题知识可以被分为事务性知识和人事性知识两个方面，前者包括口译任务的议题、议程、主要内容和预期目标等，后者涵盖了说话者的个人信息（如姓名、职务、口音等）；事务性体现出明显的情景性和专业性，是造成口译困难的主要因素，而随机性和可变性是人事性知识的主要特点，不会从根本上影响口译的效果。

以商务洽谈为例。译员陪同公司代表去机场接机，经常需要翻译："您一路辛苦了"，这就涉及跨文化交际知识，如果把它译成"You must be very tired after such a long journey."有可能被对方误解，认为是在说他的身体不够好。在正式进行商务洽谈的时候，还会面临很多专业性的内容。例如：

"Wood：Mr. Liu, we are thinking of payment by D/A? Do you accept that？

Liu：Well, as usual, we only accept sight L/C.

......

Wood：What about D/P at sight then?

Liu：We can't accept other payment terms this time.

Wood：Well，we can't reach an agreement today，I'm afraid. Shall we discuss it tomorrow after I consult my manager?"

根据上述对话的内容，我们知道是在讨论付款的方式。D/A 指的是 documents against acceptance（承兑交单），sight L/C 指的是即期信用证，而 D/P 指的是 documents against payment（付款交单）。关于付款的讨论，是本对话的重点，如果没有相关的专业知识，译员就会出现"卡壳"现象。由此及彼，其他相关的商务知识的重要性就不言而喻了。

人事性知识在会谈开始前就要了解。说话者的姓名是不能念错的，因为有些外国人的姓名不好念，如意大利客户的名字 Emanuele 或 Gabriele，就要事先做好准备。译员需要准备的还有客户的头衔，如销售部经理（Sales Manager），总裁（Chairman of Board）等。此外，译员在会谈前可以通过聊天的方式熟悉客户的口音，这样在会谈过程中才能尽可能地减少尴尬的情况。

简言之，口译的听辨和理解几乎是同时进行的，并非在全部听辨结束后才开始理解。译员在听辨说话者的言语时，已经同时开始对言语信息做出语义反应了，包括语用意义和综合知识。

第三节　商务英语口译中模糊语言的处理

世界上的任何一种语言都存在一定的模糊性，这种模糊性属于一种自然的现象，也可以说是一种客观存在。⑥存在模糊性的原因在于生活中的许多事物都是没有办法通过语言准确地将其表达出来的。如果事物是从某一种状态发展成为另一种状态，人们对于区分这两种状态的界限是很难确定下来的，例如，过去与现在。再如人们在利用电脑中的应用软件将红色一点点变成黄色时，很难确认红色到底是在哪一个程度上彻底变成了黄色。

这种模糊性存在于语言之中，也就说明，在人们的口语表达中，这种模糊性就是普遍存在的，只不过在不同的语言类型中，模糊性是存在一

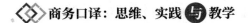

定差异的,这种差异既包含共性上的差异,也包含个性上的差异。为了顺利完成口译的工作,译员在口译过程中就需要辨别和处理这些模糊信息。

一、识别模糊信息

在口译实践中,作为不同语言使用者交流思想感情的桥梁,译员要学会听出说话人的言外之意,理解真正的含义,从而准确、晓畅、快捷地完成口译任务,促成口语交际的实现。[7]因此,正确识别口语交际中的模糊信息是完成口译任务的关键步骤之一。

口语交际中的模糊信息主要产生于语义的模糊性,以及某些句法结构的含糊性。这不仅指个别模糊词语,有时还表现在语言的整体含义上。因此,译员在平时训练及口译实践中都应学会迅速识别词汇乃至句子的模糊含义,理解和把握具有模糊性的时间词、颜色词、年龄词、象声词、可分等级的词、数词以及模糊限制语。模糊限制语是语言中最普遍、最典型的模糊语言,可分为变动型模糊限制语和缓和型模糊限制语两大类别。前者可以改变话语结构的原义,根据实际情况对原来的话语语义做某种程度的修正,或者界定原话变动的范围,例如,sort of, somewhat, more or less, about, approximately 等,后者则不改变话语结构的原义,使其肯定语气趋向缓和,例如,probably, I'm afraid, presumably, I'm considering 等。

译员在商务口译活动中,不仅需要对商务中的相关业务、法律知识以及原则等方面的内容有所了解,对于模糊语言的使用原则也需要进行深入的探究。译员在实践的过程中应该发现,分析模糊语言的具体含义时需要结合当时的语境进行具体的分析才能避免出现理解和翻译上的失误,同时,在经过分析之后确定模糊语言到底是否需要进行翻译,以及确实使用哪一种方式对其进行翻译。对模糊语言的处理只有经过了对其表达含义的理解才能做出正确的判断和决定。

二、翻译模糊信息

在识别口译中模糊信息的语用功能或说话人要达到的意旨之后,译员通常可以依据具体的情况,采用以下几种翻译技巧处理模糊信息。

（一）对等保留模糊信息

对等保留模糊信息即用一种语言的模糊语去翻译另一种语言的模糊语,从而保留模糊信息,也称直译。在大多数情况下,译员在正确理解原说话人的真正意旨之后,可以保留原话中的模糊信息。[⑧]有时译员也可以用对等的一种语言的模糊词去译另一种语言的模糊词,这种译法也是最常见的。例如:

We should like to know the approximate quantity you may sell in the coming year.

我们想要知道的是下一年你们可以销售的大约数量。

再如:

Where necessary, the buyers shall be at liberty eliminate the defects themselves at the seller's expense.

买方在必要时有权自行消除缺陷,但费用由卖方来承担。

有时需要用另一种语言的非对等词来表达语义相同的模糊概念,尤其是在处理具有虚指作用的英汉数词时,例如:

I have a thousand and one things to do before we set out for holiday.

在我们出发度假以前,我还有许许多多的事情要做。

（二）省略翻译模糊信息

有时只要不丧失原文的本意,一些语义模糊词可以不必翻译出来。例如在经贸谈判中,有时交易双方在签订合同时,为了不给对方留下把柄,便在句中使用模糊信息加以限定,但交易双方都心知肚明,因而在翻译时,只要不丧失原文的本意,或者为了使译文更适合目标语的习惯,译员可以省略某些模糊词,例如:

Without partial shipments, the goods should be shipped by a steamer at port on the West Coast as per a bill of lading to be dated not later than April 12, 2019.

货物应从西海岸的一个港口由一艘轮船装运,其提单日期不得迟于2019 年 4 月 12 日。

再如:

We as the Seller reserve the right to lodge a claim for direct losses sustained, if any.

作为卖方，我们有权对遭受的直接损失提出索赔。

(三) 化模糊为精确

精确与模糊是相对存在的，精确是模糊之所附，模糊是精确之所依。模糊中有精确的胚胎，精确中有模糊的因素。在处理模糊信息时，译员可根据原文的精神实质，将模糊信息翻译成相对精确的语言，具体的方法有以下两种。

1. 具体化

对于某些模糊表达直译的效果不如意，可以采用具体模糊信息的方法，使之精确化，例如：

A. The sellers are allowed to load 5% more or less and the price shall be calculated according to the unit price.

卖方可溢短装 5%，价格仍按以上单价计算。

B. Only when reliable access to outside financing is available can a project for foreign direct investment be termed viable.

只有在国外经营可以获利的情况下，对外直接投资项目才能付诸实施。

2. 纳入汉语习惯

英汉两种语言属于不同的语系，因而句子结构表达方法都不尽相同。因此，在口译经贸内容时，译员应在不改变原意的情况下，充分考虑汉语的习惯性，达到"通顺"的标准，为此，在处理英语中较为模糊的句法结构时，可采用改变句法结构，重释词义等手段进行翻译。例如：

The benefit of specialization may also be affected by transport costs: goods and raw materials have to be transported around the world and the cost of the transport narrow the limits between which it will prove profitable to trade.

专业化的好处也可能受到运输费用的影响，因为要在世界上进行货物和原料的运输，运输的费用会使得贸易从专业化中获利的范围缩小。

在以上例句中，原文句子属于结构模糊，若直译，结构模糊且不符合汉语习惯，令人费解，因此，在口译时，将原句中的并列结构据语义主旨译成一个含有原因状语从句的复合句，从而使译文基本达到了语义明确、语句通顺的要求。又如：

This section sets out the scope of the installations covered these specifications as well as specially required supplies and service, but without excluding other necessary components and services not mentioned.

本节提出了本规范书中包括的设备以及特别要求的供货和服务，但是还应包括尚未提到的其他必要的部件和服务。

在上例中，对投标方来说是一种模糊语言，它很难把握供货范围的标准尺度，在口译时，为了与部分肯定句式达到语法上的一致，重释了without excluding 的词义，改译成"还包括"。

总之，译员应认真对待口语交际中出现的模糊信息，尤其是在平时训练中，应该提高对模糊表达的语用功能以及表现方式的认识和掌握。在口译实践中，译员应根据具体的语境把握说话人的真正意图，从而决定采用何种方式进行传译，由于这种识别和翻译是在极短的时间内完成的，因此，译员平时对模糊信息的认识和掌握就显得尤为重要了。

第四节　商务口译译前准备

在中国，口译工作的历史相对较短，但是在国外，尤其是西方，口译工作的历史已经有近百年。随着社会的不断发展和进步，中国同其他国家的外交活动逐渐增多，各种行业领域对口译这项服务的需要逐渐增多，不仅如此，社会上的媒体也开始关注译员这个职位，在口译活动逐渐进入大众的视野之后，口译的重视程度慢慢得到了提升。

当人们观看口译活动时，通常会对译员的表现做出赞赏，但人们不知道的是，译员之所以能够出色地完成口译任务，是因为译员所做的译前准备。口译这项脑力活动不仅跨文化还跨语言，带有高强度和高难度的特点，所以译前准备在口译活动中就变得十分重要，如果译前准备得不够充足，或者根本就没有做准备，译员甚至有可能会完不成口译任务。

译员在口译的过程中需要保证能够"一心多用"，在听发言人讲话的同时需要对讲话的内容进行分析和理解，做出适当的笔记内容，当发言人结束后要立即将内容转述给他人,如果是同声传译,译员就需要在听的过程中就将内容转述出去。如果做好了译前准备,在口译的过程中,译员首先会减轻心理上的压力,缓解紧张的情绪,在激活相关知识图式后,译员就能出色地完成口译任务。译员准备实际上是译员的基本功,在口译过程中处于重要的地位。关于商务英语口译的译前准备,主要包括以下五个方面的内容。⑨

一、熟悉主题

我国的译员很少有专门从事某个专业领域的口译工作,所以译员需要接受的口译任务包含许多不同的领域,例如,科技领域、经济领域、商贸领域、司法领域以及艺术领域等。在不同的领域下又包含着多种不同的主题内容,例如,科技领域中所包含的主题有微电子技术、生物技术、环保技术以及航天技术等。在现在的社会中,科技依旧在快速发展,不断有新的发明创造、新鲜的事物以及新的专业术语出现,这对于一名译员来讲是一项严峻的挑战。如果一名译员完全不熟悉 IT 技术,是没有办法完成电脑芯片设计研讨会的口译工作的;如果一名译员完全不熟悉光疗法(light therapy),是没有办法完成牛皮癣光疗法最新进展报告的口译工作的。

由此可见,译员需要在接受口译任务时,对口译的主题进行详细的了解,有必要的话还需要让主办方提供相关的资料,包括公司简介的内容、关于产品的生产流程以及产品说明等。译员还可以根据已有的线索,自己在网上找寻可用于补充的内容,从而加深对口译主题的熟悉程度和了解程度。

比如,译员参加了一场谈判,谈判的内容是关于校企合作的,谈判的主题是校企合作的途径,并且该企业是世界上比较著名的汽车企业,谈判的主要目的是探讨为满足该企业的需求,在学校设置怎样的专业以便为企业输送优秀的技术人才。针对该谈判所要做的译前准备,包括对该企业的具体生产流程以及相关的工艺内容做充分的了解。在谈判的过程中,当企业的总裁谈及包括钣金加工(sheet mental processing)以及喷漆(painting)等有关的 10 多道工序时,译员都能将其准确地翻译出来。这种准备充足的口译会提高校企双方谈判的成功概率,还会得到双方的赞赏。

再如,译员参加了一场关于创意产业的创业论坛,"怎样在不同的创业阶段选用与其相适应的融资方式和融资途径"是其中某一位嘉宾所要发言的主题内容,译员在提前得知的情况下,需要根据该主题搜索许多相关的资料。当嘉宾提到关于融资的专业词汇,例如天使投资(Angel Investment)以及首次公开募股(IPO, Initial Public Offering)等内容时,译员都能将其准确地翻译出来,从而出色地完成口译任务。

二、准备讲稿

讲稿可分为两类:一类为宽泛类的讲稿,另一类为专业类的讲稿。最典型的宽泛型的讲稿是礼仪祝词,在这类讲稿中有一些固定的表达方法和套话,例如"现在,我宣布……隆重开幕"以及"祝愿各位专家、学者事业有成!"等。在遇到这些内容时,有经验的译员通常在没有讲稿的情况下,也能顺利地翻译出来。最典型的专业类的讲稿是分会场报告以及主题发言稿等,这类讲稿通常都是针对某一个主题进行深入的讲解,因此,译员需要提前从发言人或活动的组织方拿到发言的稿件,这类稿件不仅局限于发言稿,一些论文集以及光盘等也同样是需要了解的内容。[10]如果译员没有办法提前拿到具体的稿件,译员可以从主办方处获取发言的提纲(notes),或者在发言过程中使用的幻灯片(PowerPoint)。关于获取相关资料,有省级的翻译协会对其做出了明确的规定,即译员可以在得不到相关资料的情况下拒绝接受口译任务。

如今,随着会展的发展和完善,会展口译的工作也变得更规范,译员已经可以得到相关的会议内容包括日程的安排以及会议指南等,有时会议还会提供装订好的论文集。

三、准备术语

最能体现某一领域发展趋势的内容就是国际性会议,在这些会议中,因发展而使领域中不断出现新的专业词汇,译员在翻译这些词汇时由于不是该领域的专业人员,难免会遇到许多难题,因此,在这类会议开始之前,译员需要提前对这些新的专业词汇进行准备。

例如,在某次关于化纤内容的国际大会中,一位发言人在发言中提到了许多专业的术语,如碳纤维(carbon fiber)、聚丙烯腈

（polyacrylonitrile）、母体（precursors）、氧化箱（oxidizing oven）以及每单位密度的强度和模数（the strength and modulus per unit density）等。如果译员在会议开始之前没有做好充足的准备，对于这些内容又没有充分的认识，在翻译的过程中就会遇到许多的问题，甚至无法完成口译任务。译员不需要做到像专家一样对这些专业内容的方方面面都充分把握，但在口译之前，对于重要的专业词汇一定要有所了解，对发言稿中的专业术语也要有充分的了解。

如今的网络已经足以为译员提供他们想要了解的内容，译员可以通过翻阅书籍、词典以及过往会议中的资料等对相关术语进行收集和整理，并找到相关的最适合的译文。译员在每次会议结束之后可以对会议中的专业术语进行整理和收集，并对其进行不断地更新，从而形成便于自己使用的"数据库"。在之后的口译任务中，译员就可以根据自己积累下来的经验，对内容进行翻译，在运用经验的同时还能提升自己的能力。

译员在口译活动开始之前还需要注意，国际会议报告的时长只有20—30分钟，发言人通常会遵守"KISS"原则，即简明易懂的原则，英文全称为 Keep it simple and stupid，发言人在说一些专业术语的时候通常都是说它们的缩略语，所以译员在了解这些缩略语的时候还需要对其缩略语进行记忆。

例如，在某个同汽车行业相关的论坛中，发言人在报告时就使用了许多的缩略语，包括 ABS，中文含义为"防锁死刹车系统"，英文全称为 anti-lock brake system；ALS，中文含义为"自动车身水平系统"，英文全称为 automatic leveling system；ASR，中文含义为"加速防滑控制系统"，英文全称为 acceleration skid control system 等。除了同会议主题相关的专业术语的缩略语外，对一些常用词汇的缩略语译员也同样需要掌握，并且能熟练运用这些缩略语，当出现时，能以最快的速度反应过来，例如中国贸促会，英文全称为 China Council for the Promotion of International Trade，其缩略语为 CCPIT；中国国际投资贸易洽谈会，英文全称为 China International Fair for Investment and Trade，其缩略语为 CIFIT；联合国教科文组织，英文全称为 the United Nations Educational, Scientific and Cultural Organization，其缩略语为 UNESCO；等等。

四、了解服务对象

在会议中,口译服务的对象并不是只有发言人,参加会议的嘉宾以及会议中的听众等都是口译服务的对象,而且在一些大型的国际会议中,参加的听众都是相关的专业人士,希望通过国际会议得到业界的最新动态消息,译员在这些会议中对于专业术语的翻译就要做到更准确。

在会议开始之前,译员需要了解发言人以及参加会议嘉宾的详细信息,包括姓名、性别、国籍以及服务机构等内容。这些内容译员可以通过他们的名片,通过在网上查找等方式得到,如此译员在口译的过程中,当遇到这些内容时也不会太慌乱。

有一些人名和地名,其拼写方式和英语相似,但发音规则完全不同,因此,英语译员在翻译的过程中需要对这些单词多加注意。在之前的一个国际会议中,我国外交部译员戴庆利就遇到过这样的事情,沙姆沙伊赫的英文拼写为 Sharm el Sheikh,但该单词并不是按照英语的发音规则进行拼读的,因此,对方一直都没有理解“沙姆沙伊赫协议”的含义。

头衔也是译员在翻译的过程中需要注意的内容,在不同的国家对于同一个头衔有不同的称呼,例如,“provost”一词,在美国的含义可以是大学教务长,在爱尔兰的含义则是大学校长,而在口译中,大学校长的通用译名为“president”。

参加国际会议的人员来自不同的国家和地区,并且有的译员经常需要为带有浓重口音的人员进行翻译,因此,译员在口译的过程中需要对发言人的口音有所了解,曾经有译员为一名得过中风的学者进行翻译,译员口译的难度也因此得到了提升。为了顺利完成口译活动,译员需要对发言人的口语进行了解,了解的方式可以是接触交谈,也可以通过观看视频资料进行。

五、准备装备

人们通常认为口译人员只需要开口说话就够了,实际上,译员和大部分人的工作一样,在口译的过程中也是需要装备的,主要为通行证、笔记本以及笔等物品,其中笔一定是按压式的圆珠笔。有一些译员由于没有重视装备的问题，导致在口译的过程中产生了许多原本可以避免的麻烦。

例如，有译员在口译开始之前只准备了几张打印完成的稿件内容，然而在口译正式开始的时候，发言人有可能并没有按照原本的稿件内容进行发言，因此，译员只能在这几张纸上做笔记，虽然最终口译任务也会完成，但其过程还是十分惊险的。因此，译员需要重视口译的装备。

英文译员高志凯先生曾担任邓小平的翻译，对于口译的装备，他曾表示自己通常会准备好5支圆珠笔和三本笔记本，除此之外还会准备清凉油和风油精，在适当的时候涂一下，让自己在口译的过程中保持清醒。对于译员来说，清凉油和风油精可根据自己的需要选择是否携带，但圆珠笔和笔记本是一定要随身携带的装备。林超伦先生担任英国外交部的首席翻译官，他曾定制了专门用于工作的笔记本，是一种带有活页圈便于翻页的笔记本。

在一些重大的口译场合，译员还需要随身携带一些重要的证件，比如会议现场的通行证以及用于表明自己身份的口译证等。如果因未携带证件而导致无法进入会场，其造成的后果是十分严重的。

在商务口译中，译前的准备环节是口译的重要环节，译员要想顺利地完成口译任务，就一定要做好译前的准备工作，做到当口译现场有突发状况时也能从容应对。

第五节 商务口译应变策略

口译是一种极具挑战性的跨语言、跨文化交际活动，其突出的特点是"现场性和及时性"（here and now）。译员的主要任务是在现场有限的时间内迅速完成"理解、分析、重新表达"（understanding, analyzing, re-expression）的全过程，在不同的语言交流者之间充当媒介作用，使用明白晓畅的语言将说话者的意图表达出来，帮助交际双方克服语言障碍，从而使交际双方达到自由、顺畅地进行交流的目的。口译的这一特征决定了其译员不可能像笔译者那样，有足够的时间揣摩玩味原文，更无法为了"一名之立，旬月踯躅"。译员往往在很短时间内就必须正确地理解说话人的意图，并迅速地解码和编码，最后"出口成章"。为了做到这一点,译员不仅应具备超强的听力理解能力、外语思维能力、母语表达能力、广博的知识面、丰富的实践经验,而且应该熟练掌握一定的口译策略,尤其是现场"应变策略"(emergency strategies)。

所谓应变策略,指的是译者在不影响源语主要信息和说话者意图的基础上,适当地对源语进行调整,处理好源语中的难点,使其更符合当时当地的情形和场合,并使交际顺利进行的策略。⑪

我们知道,口译种类繁多、主题多样,因此,从理论上而言,为了应对不同的口译场合与不同的口译任务,译者必须是一个"活的百科全书"(walking encyclopedia),不仅要精通口译活动中所涉及的两种语言,而且应该对这两种语言所涉及的文化有深刻的理解,同时,译员也应该具备丰富的经济、政治、商务、历史、地理、哲学等知识。但是,要真正做到这一点是非常困难的。实际上,现代科学分类极为细致,正如一句俗语说的那样"隔行如隔山"。因此,要想成为真正的"活的百科全书"是非常困难的。译员在口译的过程中难免会碰到各种问题,由于口译工作环境和方式的特殊,译员很难向他人请教。此时,译员就必须借助应变策略加以变通,以取得最佳的口译效果,真正地使口译成为一种基于释义的活动(meaning-based translation)。本节内容将以现场商务口译为例,就商务口译中涉的五种应变策略做一番论述。

一、借用译入语

借用译入语中现成的、受众耳熟能详的表达法来替代源语信息。

有一位译员,在陪同美国客商游玩时恰逢清明。看到路上来来往往的扫墓者,美国客商非常纳闷。于是,他问译员:"Is this a special day for the Chinese？ What's that for？"或许是一时情急,或许是一时疏忽,译员一时之间想不起贴切的译文,于是他灵机一动,说:"It's a traditional Chinese 'Memorial Day' for worshiping at ancestral graves."美国客商听了之后,恍然大悟,连声说:"I see. I see."从严格的意义上来说,这并不是一个忠实的翻译,因为,Memorial Day 指美国阵亡将士纪念日(原定 5 月 30 日,现为 5 月份最后一个星期一,是大多数州的法定假日),而中国的清明节则是祭祀祖先以及民族英雄、烈士等的传统节日。两者的不同之处显而易见,但是,在苦于找不到一个合适的字眼的时候,这也许称得上是一种"救急"的应变策略。

同样，据说有一位译员在翻译"梁山伯与祝英台"时，使用了"Romeo and Juliet"；在翻译"诸葛亮"时，使用了"Chinese Solomon"。这种译法不仅可取，而且一时还传为佳译。

当然，这种做法也有一定的局限性。假如交际双方谈论的重心是这种语言的文化含义，即谈论的重心是"清明节"的来龙去脉或"梁山伯与祝英台"和"诸葛亮"的故事或由此改编而成的剧本时，那么，我们最好还是采用传统译法，以免造成不必要的混乱。再者，译员也不宜使用一些容易产生误解，甚至歪曲源语的译法，如翻译杜甫、韩愈等著名诗人的姓名时，就不宜根据他们的字，即杜子美和韩昌黎，将音译为"Jimmy Du"和"Charlie Han"。

二、言内明示

言内明示即在口译过程中，将源语的内涵、外延和其所包含的文化信息，用语言清晰地表达出来。

比如，在介绍美国电子商务的发展态势时，一位 IT 业人士谈道："The current e-commerce landscape features a number of important guideposts that can help direct the innovative garage dreamer down a feasible path to success."

在这句话中，颇令人费解的是何为 garage dreamer？对于一个不熟悉电子商务发展历程的译员而言，这显然是一个无法逾越的鸿沟。我们知道，有些电子商务的亿万富翁在创业之初，往往由于资金不足而与宽敞的写字楼无缘，只能在旧车库里创业，但他们对未来始终充满了憧憬和幻想，也许正因为如此，他们中许多人最终才脱颖而出，取得了非凡的成就。

有了这一层文化语境的知识，问题自然就迎刃而解了。因此，译员在译完这句话时，不妨加上一句，"所谓 garage dreamer（车库幻想家）指的就是那些'从车库里白手起家的电子商务巨头'"。

所以，这句话不妨译为："目前的电子商务发展态势有几个重要的特征，它们将为颇具创新精神的'车库幻想家'（从车库里白手起家的电子商务巨头）指明一条成功之路。"再看另一个例子：

While other universities and colleges offer accredited online courses. Jones International University is currently the only accredited university that exists completely online with out accompanying traditional "brick-and-mortar" classrooms.

从上下文语境中，我们不难发现，其实所谓的"brick-and-mortar" classrooms 指的是具有物理形态的传统教室，因为它不同于网络学校所开的"虚拟教室"（virtual classrooms），故称为"brick-and-mortar" classrooms（"砖瓦水泥型"教室）。此外，还有人将"brick-and-mortar" classrooms 译为传统学校。有了这一层理解后，我们不妨直接将"brick-and-mortar" classrooms 翻译成"传统教室"。使用了这种应变策略后，交际中的障碍就被扫除了。整句话大致可以译为"虽然其他大学也提供经认证的在线课程，但是 Jones 国际大学是目前完全存在于网上、完全没有传统（'砖瓦型'）教室的唯一一所获得认证的大学。"

三、利用图示

在口译活动中使用符号、方程式、图表、图纸、视听手段或 PowerPoint 等工具来加深受众印象，将难以用言语表达清楚的概念或程序表示清楚的一种应变策略。

这一应变策略尤其适用于涉及科技内容的商务口译。科技英语语言本身的难度并不大，难就难在概念的解释和专业术语的运用上。译员为了能够驾轻就熟地处理好科技口译，不仅要注意积累有关术语和新词汇，而且要懂得利用辅助手段。事实证明，在从事科技口译的过程中，事先有准备和没准备是有天壤之别的，它将直接影响口译的质量。虽然对于一个科技口译新手来说，许多术语都是陌生的，但是他也有一个极为有利的条件，那就是他可以充分利用商务口译的场合，或者说充分利用口译的现场效应，为口译活动铺平道路。因为与会者多为相关领域的专家，因此译员在了解说话者所谈的内容之后，完全可以借助视听手段，使口译活动得以顺利地进行。一幅图表、一个公式有时可能比千言万语、反复讲解更为直观，更具说服力，因为在交际过程中，形象思维的作用往往要大于抽象思维，往往更有助于理解错综复杂的概念。这就是美国著名文学家马克·吐温（Mark Twain）在演讲之前，往往会在手心或一张小纸片上画一幅简笔图的原因。他的目的倒不在于怯场时可以将其掏出来看一看，而是通过这一手段增强自信心，使演讲内容清晰可辨。而今科技已相当发达，很多会场都设在多媒体会议室，译员完全可以利用它，将说话者提的难点、重点用图表或公式直观地表示出来。即使不具备这些设施的地方，译员也可要求说话者将某一段费解的话用简约的公式加以表示。

在一次风险资金筹集会中，译员就利用事先准备好的 PowerPoint 将网站的运营模式描绘得一清二楚，然后再辅以口译，整个运营模式自然就清晰可辨了，即使是对 B-to-B-to-C（即商家对商家对客户的电子商务）一无所知的受众，也能大致猜出这一术语的意思，收到了较好的口译效果。

又如，在一次国际食用菌培植培训班上，译员在解释食用菌培植中的预湿（pre-watering）和发酵（fermentation）过程时，就使用了图示，将预湿和发酵的全过程用一目了然的示意图表示出来。结果，示意图的使用不仅使整个讲座生动精彩，而且加深了与会者的印象，取得了极好的学习效果。另外，译员一碰化学元素，就用符号加以表示，这不仅是一种与会者喜闻乐见的方式，而且避免了生硬的字字对译。

再如，一位美国管理学专家在一次国际会议上大谈核心竞争力，该专家旁征博引，例证充分，赢得了与会者的阵阵掌声。演讲成功的因素中也不乏译员所做出的努力。譬如，他在谈及"真实竞争环境"时，译员就根据自己的总结，使用 PowerPoint 画了一张草图。有了这张草图，与会者对产业竞争者（industry competitors）——潜在的市场进入者（potential entrants）——供货商（suppliers）——买主（buyers）——替代品（substitutes）之间的关系一目了然。

四、语言凝练

在保持源语主旨不变的前提下，删除部分冗余信息，使译入语凝练、紧凑，更好地再现源语风采。

众所周知，中国人和英美人士在文化传统、思维方式和审美习惯上都大相径庭。汉民族习惯于托物寄情、借景抒情。因此，中国人在遣词造句时，大都讲求工整匀称，讲求"音美""意美""形美"。英美人士则侧重于抽象思维，强调客观、突出个性。后者的这一思维习惯反映到语言形式上就是重形合、重写实、重理性的特点，形成了句式结构严谨、表达缜密、注重逻辑、用词简洁的特点。由此还产生了"Brevity is the soul of wit"，或所谓的"KISS"标准。

具体到景物描写,英语比较直观外露、客观具体,而汉语则加入了更多的个人情感,强调洒脱的表现风格。因此,当这一汉语思维外化为语言时,常常以意合为连贯的手段,会出现堆砌华丽辞藻的现象。因此,这类句子一旦直译成英语之后,大多显得十分臃肿,令人无法畅读。

比如在谈到福建的风土人情、文化传统时,一位领导是这么说的:"……福建素有'海滨邹鲁'的美誉。历史上英才辈出,宋代著名理学家朱熹集闽学之大成的滔滔宏论,如黄钟大吕,际地极天,其讲学之地武夷山有'道南理窟'之誉。悠久的历史,发达的文化造就了叱咤风云、人共仰戴的英雄人物,李纲、蔡襄、李贽、郑成功、林则徐等硕儒名臣,如日中天,光耀千古。福建对外通商早,旅外华侨多,是海外 800 万闽籍华人魂牵梦萦的故里门庭。月是故乡明,人是故乡亲。天涯羁旅,一朝还乡,缠绕梦中的故乡阡陌,将蜿蜒于您的足下……"

诚然,在一位中国人听来,这是一段辞藻华美,寓情于景的好文章。但是,一旦我们逐字逐句地将其译为英语,恐怕非但不能收到良好的交际效果,而且会给外国人留下一个极其不良的印象,那就是,"中国人总是喜欢夸大其词"。为了避免造成这种不良的印象,原译员是这么处理的:"Fujian has been famed as 'the Land of Civilization' which has given birth to a highly developed culture and many men of letters with great fame in its long history. To name a few, they are Zhu Xi, Cai Xiang, Li Zhi, Zheng Chenggong, Lin Zexu...Among them, Zhu Xi is especially worthy of mention as he is one of the four most influential Chinese philosophers who made a great contribution to this cause. Fujian is the famous hometown haunted by about 8 million overseas Chinese all over the world. In their eyes, the moon in the hometown is brighter and the folks there are dearer and closer."

译入语省略了源语中较为累赘和抒情的部分,更注重客观,而又不伤及源语主旨,因而译入语更为清晰可读。

再如:

热烈欢迎外国朋友来我校参观指导!

译为: Warmly welcome foreign friends come to our school for inspection !

这句话是典型的中式英语。因为在一个经验丰富的译员看来,这句话完全可以依照英文习惯简化为: Welcome to our school !

五、减少翻译缺乏实际意义的词

在口译中,译员可以适当地将那些纯粹出于对称、行文或修辞需要,而并无多大实际意义的措辞省去不译,力求结构更为精练地道。

众所周知,汉民族特别好用修饰语。且不论鸿篇巨制,单是常用语就令人"叹为观止"了,如"热烈欢呼""胜利召开""隆重开幕"等,不胜枚举。适当地使用一些修饰语无可厚非,倘若用得过多,非但收不到预期效果,反而适得其反,让人觉得空洞无物。

欧内斯特·亚瑟·高尔斯②(Sir Ernest Arthur Gowers)曾对英语中滥用修饰语的情况做如下评价:"It has been wisely said that the adjective is the enemy of the noun. If we made a habit of saying 'the true facts are these', we shall come under suspicion when we profess to tell merely 'the fact'. If a 'crisis' is always 'acute' and an 'emergency' always 'grave', what is left for those words to do by themselves?"("修饰词乃名词大敌",此话实在英明。倘若我们养成了"The true facts are these"这样讲的习惯,那么,当我们只说"the facts"时,人们就会怀疑这一"事实"是否属实。同样,如果"crisis"老是与"acute"连用,"emergency"老是与"grave"连用,那这些词本身还有何用?)

如果冗余的修饰语仅仅起了堆砌辞藻的作用,非但于事无补,反倒可能破坏译入语结构,那么,为了确保译入语准确、流畅,我们不妨恰当地加以省略,甚至加以改译,以求译文的忠实与流畅。例如:

矗立在苏州新区的依莎中心目前正在如火如荼地兴建。

在本句中,"如火如荼"完全就是一种修饰语,口译时,我们可以将其淡化,只译主要内容,不必拘泥于源语结构:

Situated at the gate of Suzhou New District, the Ever Success Center is well under construction.

再如:

在改革开放政策引导下的中国,气象万千、充满活力、不断进步,这些我们都已经强烈地感受到了。

根据化"虚"为"实"的策略,我们完全可以把这句话译为:We have acquired a keen sense of the diversity, dynamism and progress of

China under the policies of reform and opening to the outside world.

译入语使用了 3 个名词代替了源语修饰词,使其更加简练。

此外,中国人说话时的插科打诨,翻译成英语后很难收到相同的效果。有一句话是这样说的:"别人都说青岛是远看一朵花,近看豆腐渣,而在我看来……"源语风趣幽默,但是在口译时,我们就很难保持其修辞手法与源语意象,因此不妨选择化"虚"为"实"的策略,将其译为:"Many people say that Qingdao looks beautiful from afar but far from beautiful once you are in it. But I believe..." 虽然译员在语言结构上颇费了一番功夫,但是源语的幽默丧失殆尽。不过,这一译语还是基本忠实地传递了源语的主要意思。

本章注释:

① 李燕,熊咏萍,陈新荣,等. 动态口译过程与口译实践教学研究 [J]. 无锡职业技术学院学报,2008,(2): 75-76.

② 阮雯. 口译思维中的言语理解过程 [J]. 宜春学院学报,2005,(3): 107-109.

③ 1979 年 3 月 1 日,中国对外翻译出版公司创刊《翻译通讯》(双月刊),旨在交流在联合国文件翻译工作中的理论和技巧。1980 年正式公开出版,成为当时国内唯一的译学专刊。1982 年,中国翻译工作者协会(现中国翻译协会)成立。1983 年 1 月 15 日,《翻译通讯》成为中国翻译工作者协会会刊(现为《中国翻译》)。

④ 《英语口译实务(2 级)》(修订版)是编者基于多年的口译教学经验和口译教学的特点,根据"全国翻译专业资格(水平)考试"口译考试大纲的要求,以专题为主线,以口译技巧讲解为重点,设计编写的教材。

⑤ 倪世就,王丹云. 商务口译听辨之言外知识听辨 [J]. 读与写(教育教学刊),2012,9(4): 28-29.

⑥　熊小熊. 口译中模糊信息处理 [J]. 校园英语，2019，(37)：247-248.

⑦　孙晓曦. 英语口译中模糊信息的识别与翻译处理技巧 [J]. 泸州职业技术学院学报，2010，(4)：70-72+65.

⑧　赵军峰. 论经贸翻译的模糊信息及处理技巧 [J]. 中国科技翻译，1999，(2)：5-7+23.

⑨　赵敏如. 论商务陪同口译的译前准备工作 [J]. 开封教育学院学报，2015，35 (3)：268-269.

⑩　王婧婷. 浅析会议口译的译前准备工作 [J]. 知音励志，2017，(5)：203.

⑪　王绍祥. 口译应变策略 [J]. 中国科技翻译，2004，17 (1)：19-22.

⑫　欧内斯特·亚瑟·高尔斯爵士，GCB，GBE（Sir Ernest Arthur Gowers，1880—1966 年），英国资深公务员及作家，1903—1930 年在英国政府内供职，曾处理税务及矿务等事务，离开政府前任税务局委员会主席。

第三章　基于思维理论的商务口译技巧处理

第一节　口译记忆技巧

前面已经提到,出众的记忆力是口译人员必备的素质之一。记忆力因人而异,每个人在不同的年龄段记忆力水平也有很大差异,无论如何,后天的培养会对提高记忆力产生很大的帮助。

译员在进行即席翻译时,有一些场合是没有办法做笔记的,例如观光口译、参观口译以及宴会口译等,在这些场合中,译员通常是边吃边译或者是边走边译,是没有记笔记的机会的。这种情况下,译员就只能通过自己的记忆力完成口译活动。关于记忆能力,下面将介绍几种有效的方法。

一、记忆时间

可以通过记忆时间来帮助记忆具体的内容,这种方式适用于由时间片段组合起来的内容,例如:

Welcome to the "Australian Week-A Unique Experience of Australian Flavor". This "Australian Week" lasts for five days. We have arranged such events for you: March 13th, Monday, is the Australian Food Festival, to show you the flavor of Australian food; March 14th to hold the "Australian Week Cup" tennis tournament; March 15th, Wednesday, an Australian investment seminar will be held; an Australian painting exhibition will be held on March 16th; an Australian photography exhibition will be held on the last day. We hope to let you know more about Australia through the "Australian Week" event.

这是一段比较长的内容，译员在对其进行记忆时，只需要记住时间线索就能将主要内容记忆下来，该段落可译为：

欢迎参加澳洲周活动——带有澳洲特色的独特体验。我们为为期五天的澳大利亚周安排了以下活动：3 月 13 日是星期一，澳大利亚美食节将带您领略澳大利亚美食的魅力；在本周，"澳洲周杯"网球赛将于 3 月 14 日举行；在 3 月 15 日星期三那一天将举办澳大利亚投资研讨会；到了 3 月 16 日，您可以欣赏澳大利亚绘画展；而在本次旅行的最后一天，将举办澳大利亚摄影展。 我们希望您可以通过"澳洲周"更多地了解澳大利亚。

二、记忆地点

译员还可以通过记忆地点来记忆具体的内容，这种方式适用于由地段片段组合起来的内容。例如：

This is the main library. On the other side of the campus, there is also a graduate library in the Newman Hall. This is the periodical room, which mainly displays recent and new periodicals. Past periodicals are stored in the other periodical room on the left. This is the main reading room, and there are several others, at least one on each floor. There are the audio-visual rooms. You can borrow tapes, cassettes, slides or movies, and you will not disturb others when you listen or watch. These are printers, connected to all the computers in this room, and print 5P per page. Here is a photocopier, there are several on almost every floor.

在这段话中，译员可以通过记忆地点的关键词来记忆具体的内容：这—主图书馆，那—研究生图书馆（纽曼楼）；这—近期的期刊，左边另一个—过期的期刊；另一个地方；这—主阅览室，其他阅览室，每个楼层至少一个；那—视听室；其他的地方；打印机—电脑，一页 5 便士；复印机，每一层。

除了上述的这种记忆方法，译员也可以按照自己的习惯进行记忆，在译整段内容的时候，译员可以在脑中形成对空间的印象，在这个过程中在听和看的同时进行记忆。将这些关键词串联起来，可以将这个段落译为：这是主图书馆，校园另一边的纽曼楼里还有一个研究生图书馆。

这是期刊室,主要存放最新的或近期的期刊,左侧还有另一个期刊室,主要存放过期的期刊。这是主阅览室,还有其他几个阅览室,每个楼层至少一个。那边是视听室,您可以借用磁带、录音带、幻灯片或电影,并且可以在不打扰他人的情况下进行收听或观看。这里是打印机,与这个房间里的所有电脑相连,打印一页需要支付 5 便士。这个是复印机,几乎每个楼层都能找到几台。

三、记忆具体事由

译员可以通过记忆具体的事件来记忆段落内容,这种方式适用于由多件事由组合起来的内容。例如:

今年我国出口的情况要好于预期,预计到今年年底,我国的出口总额可达 1.5 万亿美元。具体原因在于以下几点:一是深化外贸结构改革的成效显著。中国加入世贸组织以来,国家采取了一些鼓励改革的措施,外贸体制运行良好。二是工农业生产不断发展,为出口提供了物质基础。三是鼓励外贸改革措施正在落实和完善。四是国际环境对我国出口有利,世界经济的稳定发展为我国出口提供了良好的外部条件。

在这段内容中译员需要记住的关键内容是我国的出口状况好,到年底能达 1.5 万亿美元。而达成这种现象的原因一共分为两个部分:国内和国际。国内一共有三点原因:第一点是入世和外贸结构改革;第二点是物质基础;第三点是鼓励改革措施完善。国际有一点原因:提供了有利的环境。

译员根据这些线索对内容进行记忆,可将其译为:

Our country's export situation this year is better than expected. It is estimated that exports will be completed at \$1.5 trillion by the end of the year. This is mainly because: First, the deepening of the reform of the foreign trade structure has achieved obvious results. After China joined the WTO, the country has adopted measures to encourage reforms, and the foreign trade system has been operating normally. Second, the continuous development of industrial and agricultural production provides a material basis for foreign trade exports. Third, our country's reform measures to encourage foreign trade continue to be implemented and improved. Fourth, the international environment

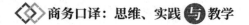

is more favorable, and the stable development of the world economy provides favorable external conditions for our country's exports.

四、分析与归纳

译员可以通过分析内容的逻辑性，找到段落之间的关系，将内容的主要部分提炼出来，在头脑中形成内容的框架，并在框架中填入重要的线索内容，从而加强对内容的记忆。例如：

We believe that the free-market approach of providing social services, insisting on minimum state intervention, freedom of competition, deregulation, and cost-effectiveness, although wise in theory, proved to be a disaster in practice. Why? Because in all cases, there is no real possibility of free competition for hospitals and other health services, public transportation, and education. Service users face a single private service provider without effective competition in any particular field, so they can play a monopolistic role. Those who are too poor to pay for private services, if lucky, may rely on the remaining public services. The government lacks money and therefore cannot provide sufficient services. Without real competition, there is no free market. We have left a dual society. Those who can afford to be exploited by monopolies that provide private services, and those who cannot because of this have to tolerate inferior services.

这段内容所讲述的主要是针对自由市场经济下在社会服务领域中的做法及评价。译员如果提前熟知了关于自由市场经济的内容，在发言人表达出这些内容后，也做出了正确的逻辑推理，那么在记忆这段内容时就更加容易。例如，译员在记忆该框架内容时，所要记忆的第一个逻辑是社会服务是由四个部分组成的，自由市场的一些做法使这四个组成部分在实施的过程中失败了；第二个逻辑是失败的原因，并且引用了三个领域：没有竞争；单一的私人服务提供商导致的结果是垄断；只有资金不足的公共部门的"竞争"；没有竞争就没有市场；以及二元社会。根据上述的框架内容可将该段落翻译为：

我们认为，为提供社会服务，自由市场的方法是坚持最少的国家干预、竞争自由、放松管制和成本效益，虽然在理论上是明智的，但在实践中被证明是一场灾难。为什么？因为在所有的情况下，医院、其他的卫生服务、公共交通以及教育都不会真正存在自由竞争的可能。享受服务的用户面对单一的私人服务提供商,在任何特定领域都没有有效竞争,因此他们可以发挥垄断作用。那些太穷而无法支付私人服务的人,如果幸运的话,可能会依赖剩余的公共服务。政府缺钱,因此无法提供足够的服务。没有真正的竞争,就没有自由市场。我们也早已离开了二元社会。那些有能力接受垄断企业提供私人服务的人,以及那些不得不因此而忍受恶劣服务的人。

有了上述 7 条作为"框架"后,译员可以应用已经掌握的知识,在里面填充具体的"内容":自由市场经济包括四个要素:最低限度的国家干预、自由竞争、取消管制、高成本效益比;理论上虽可行,但在实践中证明是失败的,原因是缺乏实质性的竞争,列举的三个领域:医疗保健、公共交通和教育;从医疗联想到医院只有单一服务提供者,缺乏有效竞争;由此导致垄断;唯一的"竞争"来自资金短缺的公共部门;无竞争,无自由市场;双重社会(使演讲人的观点有非常合乎逻辑的结尾)。

有了"框架",又填充了"内容",译员可将此译成:

我们认为在公共服务领域采取市场经济的做法,即坚持政府对该领域最低限度的干预、开展自由竞争、取消管制以及提高成本效益比,虽然在理论上合情合理,但实践证明这种做法是失败的。为什么呢?因为无论是医院及其他医疗服务,还是公共交通、教育部门,不可能产生完全的自由竞争。因为在上述任何一个领域,服务使用者面对的是缺乏有效竞争的单一私有服务提供者,这会造成垄断。无力支付私有服务的贫困阶层,如果比较幸运的话,只能依赖剩余的公共服务,这些部门因缺乏政府的资金投入,而不能提供充分的服务。没有真正的竞争,便没有自由市场。所以,我们所面临的是一个双重社会:一部分人能够承受私人服务提供者的垄断服务,受其剥削;而那些无法承受的,只能忍受劣质服务。

五、形象化

有些口译的内容很容易使译员产生联想,译员凭着联想可以使某件事形象化,在发言人叙述的过程中,译员脑子里可能出现熟悉的画面,从而帮助记忆。例如:

The 9.0 magnitude earthquake—the biggest in Japan in 140 years—struck

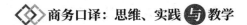

the northeast coast of Japan at 2:46 p. m. local time on Friday, March 11, 2011. The tremor triggered a devastating tsunami sweeping away cars, ships and buildings and led to the explosion of nuclear power plants.

译员在听的过程中，一定会联想起从电视上看到过的有关地震和海啸的场面，这时，译员只要能记住地震发生的时间、地点和震级，就能把这段话译为：

一场 9 级地震——日本 140 年来最强的一次地震——于当地时间 2011 年 3 月 11 日星期五下午 2:46 袭击了日本东北部海岸。地震引发了灾难性的海啸，冲走了汽车、船舶和建筑物等，并导致了核电站的爆炸。

除上述几种方法外，译员还可以根据不同场景选择不同线索以帮助记忆，如人物、事件等。无论如何，初学者都应学会找出一篇讲话的重点和关键连接词，综合运用已经掌握的各方面的知识进行记忆，这对于下面一节要提到的记录也很有帮助，因为口译记录只包括重点内容和框架。

第二节　口译笔记技巧

在交替传译中，译员需要掌握的一项核心的技能就是记笔记。记笔记的基础是理解，记笔记的目的是帮助译员记忆内容和译出内容，译员能根据笔记记忆内容和翻译出内容的保证是选择性记笔记。[①]

一、笔记的作用

（一）扩大记忆容量

口译笔记对扩大记忆容量的作用不言而喻。鉴于工作记忆的容量和保留时间有限，面对长时间、多任务、高压力、高强度的工作挑战，口译员需借助笔记记录关键信息、语篇结构、数字、专有名词等细节信息，以扩大记忆容量，减轻记忆负担。

（二）帮助逻辑分析

逻辑分析对于原文的理解至关重要。无稿发言常结构松散，语言繁复;有稿发言则信息密集,多冗长复句,易超出人脑短时记忆句法负荷,因此对逻辑的把握是分析和理解原文的关键。

将抽象信息内容形象表现出来的方式,就是在记笔记的过程中使用符号、线条或者图形等将抽象信息的逻辑结构记录下来。这种记录的方式可以帮助译员从逻辑上对内容进行分析和理解,实际上起到了思维导图的作用。

(三)提高记忆质量

记笔记时手、眼并用,在听觉记忆之外还产生了视觉和动作记忆,增加了记忆通道。若能协调得当,会起到加深记忆、延长保留时间、提高记忆质量的作用。

(四)帮助信息输出

在输出阶段,笔记中承载的关键信息和逻辑结构等为译员提供记忆线索,帮助译员更迅速、更有序地提取信息,从而提高产出的完整度和质量。

二、记笔记的原则

(一)合理分配认知资源

认知心理学研究表明,认知资源是有限的,多任务处理时需注意合理分配认知资源,否则会导致认知超负荷,影响任务执行。根据吉尔(Gile)的认知负荷模式,交替传译(第一阶段)=听力与分析+笔记+短期记忆+协调。如果在笔记上分配过多精力会影响其他任务的完成,所以要秉持"理解先行,脑记为主,笔记为辅"的原则,合理分配认知资源。也就是说,一方面要分配足够的认知资源以保证对信息的正确理解,正确的理解是记忆和笔记的前提和基础;另一方面就笔记与记忆而言,记忆在先,笔记只是对记忆的延伸和补充。口译时切忌把所有或者绝大部分的精力分配到做笔记上而导致记忆空白、理解偏差的情况,在理解、记忆与笔记三者之间合理分配认知资源。

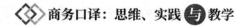

（二）共性与个性相结合

口译笔记具有较强的个性化特点，没有统一的放之四海而皆准的笔记体系或模式。笔记是用源语还是目的语，译员应使用什么样的符号、缩略语、线条及图形等，这些都没有绝对统一的标准。但是，有一些基本的笔记方法是被多数译员认为有效的，如纵向记录、阶梯式排列、明确结束、使用简洁明了的缩略语等，是前人的经验总结。我们应该在借鉴前人共性经验的基础上形成符合个人认知习惯的个性化笔记系统。

（三）形式与效果并重

笔记的核心作用是在口译现场帮助理解、记忆与产出信息，任务结束就失去作用。所以译员没有必要、也不应该分配精力去追求笔记的整齐或字迹端正。但是，过于杂乱潦草的笔迹会影响译员信息读取的质量与速度，所以记笔记应该注意形式与效果并重，书写与结构安排须有高度可辨性，做到简洁直观、一目了然。

三、笔记的习得规律

译员在口译的过程中，需要掌握的核心技能是记口译笔记。技能的另一个名称为程序性知识，它实际上是一种能力，而这种能力形成的基础在于不断地练习，形成这种能力的目的是完成有关躯体协调的任务和完成智慧任务，在完成任务的过程中还需要按照一定的规则或操作程序来进行。关于技能的习得内容，安德森（Anderson）在激活论中就做过相应的概述，加涅（Gagne）则在层级论中做出相应的概述，并从现代认知心理学的角度，将其分成了三个阶段：输入阶段、转化阶段以及自动化阶段。口译笔记的习得规律就同这三个阶段的习得规律相同。

（一）输入阶段

在这个阶段，学习者初步理解技能所涉及的概念与规则。概念学习较重要的方法是举例子。规则学习一般表现为两种基本形式：其一是从例子到规则的学习，也就是我们通常所说的发现学习；其二是从规则到例子的学习,是在教学实践中常用的接受学习。本阶段的笔记技能习得主要是在理论理解的基础上,以成熟译员的笔记作为范例,通过借鉴、分析、对比,充分认识口译笔记的作用、原则及习得规律,在规则与例子的互动下完成对笔记相关概念与规则的输入。

（二）转化阶段

在转化阶段,学习者应用具体的方法来解决问题,也就是将认知阶段学习到的概念与规则应用到实践中。在这一过程中,初学者对规则应用的掌握不是一步完成的,而是有一个分步掌握、最终合成的过程。笔记技能的习得同样也可以分为以下几个步骤:第一步,从只记关键词与逻辑,学会脑记与笔记的合理配合;第二步,练习使用缩略语、符号,并初步形成个性化的笔记系统;第三步,对笔记中常见的误区进行纠正。

（三）自动化阶段

在这个阶段,学习者通过大量的练习使动作的完成更加迅速自动,是长期量变的过程,包括概括(generalization)、区别(discrimination)及强化(strengthening)三种机制。概括是让学生学会举一反三,理解同一规则在不同场合的适用性。区别是让学生学会辨别不同规则应用场合的不同,做到有的放矢。强化是通过强化训练使学生对规则的运用达到自动化的阶段,是技能内化的过程。所以这一阶段的笔记练习,一是要对自己的笔记进行分析概括,熟悉掌握一定量的笔记符号,形成个性化笔记系统;二是要保证练习的“量”,起到“强化”的作用,最终实现口译笔记技能的内化。

第三节　公共演讲技巧

一、节奏与音色

译员在口译工作中,对于完美的演讲艺术也需要有所掌握,尤其是要掌握好说话的节奏,同时还要关注听众的反应。当发现听众并没有将意思听懂时,译员就需要将自己的语速放慢;当在翻译一些比较重要的内容以及否定的内容时，译员需要将每一个词的发音都发清楚，让听众理解讲话内容的真正含义。[②]以下面一个句子为例：

This would save the country four million tons of imported oil annually, valued at 600 million dollars at today's price.

句中的关键词有"save""four million tons of imported oil"和"600 million dollars"，把整句译成中文，即"这将为国家每年节约四百万吨进口石油，按今天的价格计算，值六亿美元"。其中的中文"节约""四百万吨进口石油"和"六亿美元"，译员应说得非常清楚，让每一位听众都能听清楚或记完整。

译员的讲话要突出重点，但不能忽快忽慢，也不能气喘吁吁，声音要保持清晰、平稳，要做到这些，译员平时要注意朗读。口译人员还应该有一副好嗓子，声音洪亮、和谐、悦耳。

译员在做会议口译时，其口译的场地都比较宽阔，为了保证会议中的每一个人都能听到和听清，译员的声音一定要洪亮。译员在口译过程中讲话的时间通常都比较长，因此，译员声音的音色也是十分重要的，如果译员嗓音比较沙哑，听众会听不清译员所说的内容；如果译员的嗓音是刺耳的或是矫揉造作的，也会引起听众的反感。为了让听众对译员产生良好的印象，译员嗓音的音色要优美，口译的节奏要适宜。

因此，口译人员应像歌唱演员一样，注意保护自己的发声器官，预防感冒，重视肺部和呼吸器官的健康，平时不应大喊大叫。如有必要，口译人员还可以向声乐教师请教，使自己学会不费力气讲话。目前，欧盟的同声传译项目已经把正确学习发声作为课程的一部分。

二、语音、语调与手势

口译人员的发音必须正确，这是毫无疑问的，发音不准有可能引起误解。如译员 [t] 与 [d] 不分，就能把"tuck"说成"duck"，那会引起笑话。除发音正确外，译员还应注意以下两点。

第一，译员在翻译时不能吞音，即吞没音节。通常发言人的说话速度都是很快的，译员在做同声传译的过程中，为了跟上发言人的速度，其翻译的速度也会很快，就会有吞没音节的现象发生，从而导致听众很难理解翻译的内容。

第二，译员在发音时不能过分强调其准确度。许多中国人在说英语时,其发言都是比较标准和好听的,但有的时候其发音会过分的清楚。如"a""the""of""to""from"等词,它们在英语中出现的频率非常高,但译员不必时刻念得很清楚,在词组或句子中能连读的应连读,如"a lot of"中的"a"遇前面一词辅音结尾,就应与前面的音连读,"of"的"o"则与前面的"t"连读。

译员在翻译的过程中需要将语调控制在一个合适的范围内,通常在语调上译员会出现两种极端的表现:一种是译员的语调过于平淡和呆板,没有活力。用这种语调翻译会使听众厌倦,使人发困,无论多么精彩的讲话,经过这样翻译也会显得平淡无味,再热情的听众也会为此对会议大失所望。另一种是语调异常丰富、声嘶力竭,好似善玩权术的政客。这样的译员可能博得听众一笑,但有损自己的尊严。

一般来说,口译人员的语调要比演讲人的语调略微平淡一些,译员不同于演员,演员需要根据不同的角色不断改变自己的语调,而译员就应避免。译员所用的不同语调是为了传递演讲人的意思,必须遵循一般的升降调规则。

（一）升　调

升调由低到高,主要用在:用 thank you 或 please 等结尾的短句,例如,"Close the door, thank you." 或 "Come in, please." 一般疑问句,也就是以 "Yes." 或 "No." 作答的问句,例如,"Do you want a glass of water?"反义疑问句中说话人不能确信自己所说的是否正确,例如,"You have read the novel, haven't you？"陈述句表达疑问的意思,例如,"You know what I mean？"

（二）降　调

降调是由高到低,主要用在:完整的短句,例如,"I went shopping yesterday."以特殊疑问词开始的疑问句,例如,"What can I do for you?"反义疑问句中当说话人确信自己是对的,例如,"It's raining, isn't it？"祈使句和感叹句,例如,"Come in. What a nice day！"

另外,译员在使用手势时也要慎重。有的发言可能比较激动,演讲时甚至可能拍案强调讲话中的某些内容,如口译人员也照搬,只能适得其反。

三、间歇与停顿

即席翻译时，译员要尽量避免出现停顿。若遇到困难，如由于记录不清，需要花时间辨认字迹等，也应避免停顿。否则，可能导致听众怀疑译员的能力。为了避免这种情况，译员可以采取以下几种方法。

第一，可以继续讲些无关紧要的话，给自己更多的时间思考后面要说的话。比如，可以换种方式重复一下刚刚讲过的内容，或者如有错误，可以借机改正前面的错译之处，也可以使用诸如"在此情况下""紧接着我刚才所说的，还有……""我想就这个内容补充几句""关于这个问题，我认为……""在我们讨论的范围之内……""有关我的这个问题""我认为"等来拖延时间。具体说什么，视情况而定。一般来说，尽管许多译文都充满了无关紧要的词，但只要不是一直重复相同的表述方式，听众并不会对此感到意外或反感。

值得一提的是，在口译过程中，译员应尽量避免经常使用"嗯……嗯……""这个……这个……""那个……那个……"，也有的人每一句话开始都喜欢用"那么"，这些都会使人厌烦。

第二，演讲人话音一落，译员就应马上开始翻译，不能让听众等待。要做到这一点，译员的口译记录稿一定要清楚有序，译员准备口译时，应按顺序拿好口译记录稿。如果是记在单页纸上，应该按讲话类别分开放置，不要混放在一起，也不要在单页的背面做记录，每张页面上均要标注页码，每一篇讲话都要从第一页起单独编号。不要把几篇讲话记录放在一起连续编号，这样可以避免译员因记录问题而出现间歇。

第三，口译人员应避免使用不完整的句子。永远记住："Never leave a sentence unfinished."在即席翻译中出现句子不完整或不该有的停顿，那主要是由于译员的责任。译员可能是因为采用了太长的句子或过于复杂的语法结构，以至于自己也弄不清楚究竟已经说了什么。因此，要避免出现这些问题，最好的办法是多用短句、单句，使意思简洁明了，尽可能少用引用和插入法。

四、与听众保持目光接触

口译除了对语言的运用要求较高以外，译员还应意识到口译是一门表演艺术,在即席翻译中尤其如此,因为即席翻译时,译员与听众是面对面的。译员的穿着打扮、举止风范都给听众带来一定的视觉效果,他们必须懂得如何借助形体语言、眼神等,从而将原文传神地译给听众。要做到这一点,译员有时必须脱离笔记本的束缚,灵活运用眼神,与听众经常保持目光接触,让听众感觉到译员是在和他们进行交流,而不是只顾埋头记笔记、读笔记,呆板地逐段翻译,就像一台毫无生命的翻译机器。

第四节　数字口译技巧

一、基数词的译法

英汉口译中,基数词的翻译是一项较难的技巧。英汉基数词的表达方式有所不同,这就更容易造成数字翻译的错误。但如果掌握一定的规律和技巧,再经过大量的训练,就能很快克服这一难关。[③]

汉语和英语数字表达方式的不同具体表现在:汉语是"十、百、千、万、十万、百万、千万、亿、十亿……",也就是以"十"的倍数来表示。英语则是在数字超过千以后,以"千"(thousand)的倍数来表达,如"一万"是"ten thousand","十万"是"one hundred thousand",直至"百万"(million)。百万以上的数字则用"百万"的倍数表达,如"千万"是"ten million","亿"是"one hundred million",直至"十亿"(billion)。

基数词口译困难的另一个原因是,数字本身是没有意义也没有逻辑的,因而很难记准确。光凭脑记,不管记忆力有多好,都难以保证将数字译准确,尤其是大的数字。但是,对于英汉之间的数字转换,掌握了以上基本的转换规则,在口译中就能够熟练地进行转换。当然,如果记录时能把数字立即写成完整的阿拉伯数字,如 10 000 和 100 000,翻译起来就容易了。如果记录时写 3 万、30 万,那就要在口译时迅速地转换成"30千""300 千"后再用英语表达。因此,如何记录数字是很关键的。

最简单的用于表达百万以上的数字的方式就是将百万单位上的数字后面用 point 来表达,其单位为 million,例如,456 万的表达方式为 4.56million,5 亿 1254 万的表达方式为 512.54million。同理,十亿以上

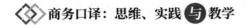

的数字的表达方式就是将十亿单位上的数字后面用 point 来表达，其单位为 billion，例如，255 亿的表达方式为 25.5billion。

在口译过程中，想要快速将数字翻译过来的方式一共有三步：第一步为快速记录数字，第二步为快速转换数字，第三步为快速读出数字。

（一）快速地记录繁复数字

数字无须分析理解，可以紧跟源语，按源语式快速记录下来。最难记录也最容易犯错误的是中间包含有 0 的长列数字，如英译汉 4,021,907,650,301，源语读作：four trillion/twenty one billion/nine hundred and seven million/six hundred and fifty thousand/three hundred and one，记录中，听到"trillion、billion、million、thousand"时，记下标逗点表示：4,21,907,650,301。然后，关键的一步是：逗点之间不足三位的在左边加 0，即还原成：4,021,907,650,301。然后，按四位标注，用汉语读出：4'0219'0765'0301 四万零二百一十九亿七百六十五万三百零一。

汉译英，依旧是这串数字"4'0219'0765'0301"，读作四万零二百一十九亿七百六十五万三百零一，记录中，听到"万亿、亿、万"时，即上标逗点表示：4'219'765'301。然后，关键的一步是：逗点之间不足四位的在左边加 0，即还原成：4'021'907'650'301。按三位标注，用英语译出 4'021'907'650'301 为 four trillion/twenty one billion/nine hundred and seven million/six hundred and fifty thousand/three hundred and one。

上述方法看起来比较复杂，但当译员经过练习对其熟悉之后，这些复杂的内容就变得简单了，记录数字的速度和转换数字的速度也会有所提高，译员在翻译复杂的数字时也就没有那么大的压力了。

（二）繁复数字的快速汉英转换

熟记英汉语之间基本单位的转换：1 万 = ten thousand；10= one hundred thousand；100 万 = one million；1000 万 =ten million；1 亿 = one hundred million；10 亿 = one billion；1 万亿 = one trillion。

（三）快速地说出繁复数字

汉译英时，对记录下的数字进行三位标注，如：4,321,987,654,321, trillion; billion; million; thousand。英译汉时，对记录下的数字进行四位标注，然后用汉语读出数字，即 4'3219'8765'4321。

二、倍数、百分比的译法

表示倍数的方式有很多种，例如用英语表示"这个房间是我房间的四倍"，既可以翻译成：This room is four times as big as mine，也可以翻译成：This room is three times larger than mine。关于四倍的表示除了这两种方法还有一种，是用"翻两番"的意思来表示，例如国内的生产总值到了 2020 年同 2000 年相比能够实现翻番，达到 40000 亿美元左右，翻译成英语为：By 2020, China's GDP will quadruple that of 2000 to approximately USD 4 trillion.

关于"几成"的翻译方式，在英语中通常直接译成百分数，即一成就是指 10%，六成就是指 60%，两成三就是指 23%。例如，为今年的粮食产量比去年增长两成三。翻译成英语为 The output of grain this year has increased by 23% over the last year.

三、分数的译法

一些比较小的分数其读写方法为，分子是基数词，分母为序数词，在两个词中间还需要加 "-"。例如 1/3 用英文表示为 one-third；2/3 用英文表示为 two-thirds。一些比较复杂的分数其读写的方法一共有两种比较简化的方式：a/b 用第一种方式表示为 a over b；用第二种方式表示为 a divided by b。例如，22/9 用英文表示为 twenty-two over nine，或 twenty-two divided by nine。既有整数又有分数的读写方法为，整数的部分和分数的部分都正常读写，但在整数和分数之间需要加 "and"。例如，$9\frac{2}{5}$ 用英文表示为 nine and two fifths。分数在句子中充当了前置定语，分母需要使用单数的形式，例如四分之三多数用英文表示为 a three-quarter majority。

四、小数与百分数的译法

(一)小数的译法

小数中的小数点通常用 point 来表示,小数点左边的数字按照正常整数的读法读即可,小数点右边的数字则需要逐个读出,需要注意的是,如果左边的数字超过了三位不好读,也可以逐个读出。例如,123.321 用英语可以翻译成 one two three point three two one,也可以翻译成 one hundred and twenty-three point three two one。

在小数中如果遇到了"0",英式英语中通常会被翻译成 nought,美式英语中通常会被翻译成 zero,也可直接读成字母 O。例如,9.07 用英语可以翻译成 nine point nought seven,也可以翻译成 nine point zero seven,还可以翻译成 nine point o seven。

(二)百分数的译法

百分号的读法为 percent,百分数的数字若为整数则按照整数的读法读,若为小数则按照小数的读法读即可。例如,5.02% 用英语可以翻译成 five point o two percent。

五、算式的译法

关于算式的译法,基本的加减乘除的算法都有两种表示方法。$a+b=c$ 用英语可以表示为 a plus b is c 或 a and b is c;$a-b=c$ 用英语可以表示为 a minus b is c 或 b from a is c;$a×b=c$ 用英语可以表示为 a multiplied by b is c 或 a times b is c;$a÷b=c$ 用英语可以表示为 a divided by b is c 或 b into a goes c。

当遇到 $a:b=c$ 的情况时,用英语可以表示为 the ratio of a to b is c。当遇到平方数时,二次方用 squared 表示,三次方用 cubed 表示,四次方用 the fourth power of 表示。$a^2=b$ 用英文表示为 a squared is b;$a^3=b$ 用英文表示为 a cubed is b;$a^4=b$ 用英文表示为 the fourth power of a is b。

当遇到根式运算时,平方根 $\sqrt{a}=b$ 的表示为 the square root of a is

b；立方根 $\sqrt[3]{a}=b$ 的表示为 the cubic root of a is b。当遇到大于号和小于号时，$a>b$ 的表示为 a is more than b；$a<b$ 的表示为 a is less than b。$a\approx b$ 的表示为 a approximately equals to b；$a\neq b$ 的表示为 a is not equal to b。

六、增加的译法

增加是在原来基础上加多，具体指数目（如人数、件数）、数额（如金额）、数值（如价格、产值）、数量（如产量）、度量（如面积、长度、重量）及百分数、分数的增多、增长、增高、上升和提高。与减少、减小、减缩和降低是相对的。英语可用 to increase/rise/be raised/go up/shoot up 等动词表示"增加"的意思。"增加"的概念涉及"增加了""增加到""达到"和"共计"四个方面。

增加了（increasing by）表示增加的部分，用前置词 by。例如，增加了 70 元 to increase/rise by seventy yuan。增加到（increasing to）表示在原来基础上增加后的结果，用前置词 to，例如，增加到 725 元 to increase/rise to seven hundred and twenty-five yuan。达到（coming to）表示数量增加后到达的程度，英语用动词 to come to/jump to/reach/arrive at 等表示，例如：达到 5 000 吨 to come to/ reach five thousand/fifty hundred tons。共计（amounting to）同总计与合计，共同表示两个或两个以上数量的总和。英语用 to amount to/add up to/total 等表示，例如：总计九百六十万平方公里 to amount to/add up to/total nine million six hundred thousand/nine point six million square kilometers。

七、趋势变化的译法

（一）表示向上的趋势

"上升"用英文表示为 to rise 或 a rise；"增加"用英文表示为 to increase 或 an increase；"提高"用英文表示为 to climb 或 a climb；"暴涨"用英文表示为 to jump 或 a jump；"高得多"用英文表示为 a great deal higher，若需要在该短语中突出程度可在 higher 前加 far 或 much 或 dramatically 来修饰。

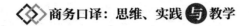

（二）表示向下的趋势

"下降"用英文表示为 to fall；"下跌"用英文表示为 to drop 或 a drop；"下滑"用英文表示为 to decline 或 a decline；"减少"用英文表示为 to decrease 或 a decrease；"暴跌"用英文表示为 a sharp drop 或 plunge；"略微低于"用英文表示为 fractionally lower 或 marginally lower；"稍微低于"用英文表示为 somewhat lower；"稍低于"用英文表示为 slightly lower 或 a little lower；"远低于"用英文表示为 considerably lower 或 substantially lower。

在具有比较意义的句子中，突出其更高、更低或者更快的程度可以在短语中加入一些副词用于修饰，例如 dramatically 是"显著地"的意思，marginally 是"微小地"的意思。这些副词在程度上也有一定的区别，常用的一些副词由强到弱的程度排序如下：dramatically—sharp—substantially—considerably—far—much—a little—sightly—somewhat—marginally。

如果表示趋势的内容是数字上的变化，需要在介词的使用上多加注意，常用的介词有 by, at, to 等。

（三）表示波动或平衡的词语

"达到平衡"用英文表示为 to level out 或 to level off；"保持平衡"用英文表示为 to remain stable；"波动"用英文表示为 to fluctuate；"保持"用英文表示为 to stand at 或 to remain at；"达到高峰"用英文表示为 to reach a peak。

第五节　视译技巧

译员在浏览材料的同时将其中的内容进行口译的过程就是视译的过程。通常译员在旅游或者参观的场景中进行视译，为游览者和参观者翻译景点中的一些重要的文字内容。在一些商务谈判中或者是法庭中，也会应用到视译，这个时候通常都是其中一方临时提供一些重要的书面材料,需要译员将其中的内容翻译给另一方听。在商务谈判的场合中,客户可能因为一些原因没有将外文的资料内容整理翻译好,为了弄清楚文件的具体内容,决定谈判策略,就需要由译员临时将这些材料口译出来,有时还需要将口译的内容通过录音机等设备录制下来。如果发言人使用一些投影设备,将其需要讲述的内容通过投影的方式展示出来,就需要译员边看其制作的内容,边进行视译活动。

译员在进行视译时,需要做好以下三个方面。

第一个方面是理解源语言,这种理解活动只能在阅读材料的时候进行,因此,需要将这段时间利用好;第二个方面是在阅读材料中做记号,当在阅读的过程中遇到生词、难词或者是长难句时,译员需要在上面做出适当的记号,以便帮助口译;第三个方面是口译出来的内容要通顺,译员要保证翻译出来的内容一次就能说完,不能针对一句话反复地修改和重复,如果在翻译的时候没有将内容说完整,可以在这句话译完后对其进行补充。只有做好了这三个方面的内容,才能顺利完成视译工作。

译员在进行视译训练时,其训练的重点内容除了熟练转换两种语言之外,还需要在断句方面多加练习。正是因为视译活动的这种特点与其训练的内容,人们通常都将其看作交替传译发展到同声传译过程中的过渡内容。

在进行口译时,由于不同国家语言结构的不同,一段文字中只有30% 左右的内容可以按照顺译的方式进行翻译,而剩余 70% 左右的内容有时需要对词性进行转换以完成翻译,有时则需要调换词或句子的位置才能完成翻译。因此,译员在视译的过程中,需要在材料里利用一些符号表明该如何进行翻译。

本章注释:

①　胡斌 . 口译笔记技巧 [J]. 考试周刊,2013,(23): 83-84.

②　胡赟 . 浅析公众演讲与口译的共同点 [J]. 中小企业管理与科技(上旬刊),2011,(2): 146-147.

③　廖丹 . 英语口译中数字翻译的技巧 [J]. 科教文汇,2020,(13): 178-179.

第四章 商务口译多领域实践解析（一）

第一节 迎送与介绍口译实践

一、迎来送往

接待外宾首先是到机场迎接，再将外宾送往宾馆下榻。一路上应主动热情地向外宾介绍本地概况，然后介绍在当地访问期间的日程安排等。精心安排的欢迎仪式能让外宾感到宾至如归，产生良好的第一印象。

接待外宾要精通英语、汉语做介绍的表达方式，事先了解宾主双方参加活动的人员姓名及其职务、职称的准确表达。在介绍时，通常把职位较低者介绍给职位较高者，把客人介绍给主人。

在同外国朋友建立友谊时，第一步要做的就是迎来送往，在这一步中也包含了许多关于礼仪的内容。口译的场合可分为正式场合和非正式场合，而不同场合下的口译需要使用不同的语体以及言语交际。一般在正式场合中，译员需要将对方的姓名全称、担任的职务、拥有的头衔都翻译出来，如果有职称的话还需要翻译职称。

（一）常用词汇

下面将介绍一些迎来送往的场景中经常会使用到的词汇，如表4-1所示。

表 4-1　词汇拓展

候机大厅	waiting hall	出租车候车处	taxi stand
问询处	information desk	接待员	receptionist
起飞时间	departure time	招待	to entertain
抵达时间	arrival time	酒店大堂	hotel lobby

续表

登记卡	boarding pass	单人房	single room
安全检查	security check	双人房	double room
海关	Customs	豪华套房	luxury suite
办理海关手续	to go through Customs formalities	外国专家	foreign expert/ specialist
入境手续	entry formalities	倒时差	to recover from jet lag
入境/出境/过境签证	entry/exit/transit visa	适应时差	to adjust to time difference
旅游签证	tourist visa	活动日程	itinerary schedule
免税商店	duty-free shop	周到的安排	thoughtful arrangement
提取行李	to claim baggage	纪念品	souvenir
随身携带行李	carry-on luggage	您先请	After you.
行李手推车	luggage handcart	您慢走	Take care.
设宴洗尘	to hold/host a banquet in honor of...		
不远万里来到……	to come all the way to...		
久仰大名	I have long been looking forward to meeting you!/I have heard a lot about you!		
小小意思,不成敬意	This is a token of our appreciation.		

（二）经典句型

下面介绍一些迎来送往场景中的一些经典句型,如表4-2所示。

表4-2　经典句型

Excuse me, but are you...from London?	对不起,请问您是从伦敦来的……吗?
Thank you for coming to meet me at the airport.	感谢您能来到机场迎接我。
How was your flight?	旅程怎么样?
Let me help you with your luggage.	我来帮你拿行李。
You must be our long-expected guest.	您一定是我们期盼已久的贵客。
It's a great pleasure to have you here with us.	我们很高兴能邀请您来这。

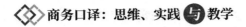
续表

Thank you very much for coming all this way to meet me in person.	谢谢您专程来接我。
I'm so pleased to meet you.	很高兴见到您。
I would appreciate your comments. / Your valuable advice is most welcome.	请多提宝贵意见。
I will convey your greetings and invitations to him.	我一定会转达您对他的问候与邀请。
I'd like to take this opportunity to thank you for the warm hospitality and thoughtful arrangement.	我想借此机会感谢你们的热情款待和周到安排。
It has been a rewarding trip!	不虚此行！
Please remember me to Mr. Wang.	请代我问候王先生。
Have a nice trip!	旅途愉快！

（三）口译实践

根据上面的词汇和句型，下面将给出两个不同类型的口译内容，并从实践中感受口译活动。

1. 段落口译

原文：

我很荣幸可以在自己的家乡见到您。虽然今天是我们的第一次见面，但我们已经通过书信认识了。我们一直都在期盼着您的到来。很遗憾我们的经理王先生不能亲自来见您，他托我向您问好。我代表我的经理和同事向您表示由衷的欢迎。我们希望您能在这里过得开心。

译文：

I am very happy to greet you in my hometown. Although it was the first time we met, we knew each other through correspondence for a long time. We have been looking forward to your arrival. Our manager, Mr. Wang, greets you, it's regrets that he couldn't come to see you in person. On behalf of the manager and colleagues, I sincerely welcome you and hope you'll have a pleasant stay here.

2. 对话口译

原文：

王：请问，您是不是从新泽西来的史密斯先生？

Smith：Yes. And you are...

王：我是王强，来自广西进出口公司。

Smith：Hello, Mr. Wang. Thank you for coming to meet me at the airport.

王：别客气，很高兴来接你。

Smith：Do you know where the baggage claim area is？

王：知道，就在那边。您带了几件行李？

Smith：Only one suitcase.

王：走吧。

Smith：OK.

王：旅程怎么样？

Smith：Just wonderful！ Good food and good service.

王：这次是您第一次来广西吗？

Smith：Yes. I hope it won't be my last.

王：下次来的时候，请携夫人一道来。

Smith：I will.

王：当面会晤对双方都有利。

Smith：Yes. That's why I am here.

王：顺便问一下，最近业务如何？

Smith：Not bad. But sales are down a bit due to inflation. I hope things will improve soon.

王：我也希望如此。

Smith：Look, that's my suitcase.

王：我们的车就在外面停车场，我们送您去宾馆。

Smith：OK. Thank you!

译文：

王：Excuse me? Are you Mr. Smith from New Jersey?

Smith：不错，你是……

王：I'm Wang Qiang from Guangxi Import and export Company.

Smith：你好,王先生。谢谢你来机场接我。

王：You're welcome. I'm very pleased to meet you.

Smith：你知道行李提取区在哪里吗?

王：I know, it's over there. How many pieces of luggage did you bring?

Smith：就一个行李箱。

王：Let's go.

Smith：好的。

王：How was your flight?

Smith：棒极了! 可口的食物,优质的服务。

王：Is this your first visit to Guangxi?

Smith：是的。但我希望这不会是最后一次。

王：Next time you come, please bring your wife along.

Smith：我会的。

王：Face-to-face contact is good for both sides.

Smith：是的,这就是我为什么要来这里。

王：By the way, how is the business recently?

Smith：还不错。不过由于货币升值销量略有下降。希望不久情况就会好转。

王：I hope so.

Smith：看,这就是我的行李箱。

王：Our car is in the parking lot outside, and we will take you to the hotel.

Smith：太好了。

二、欢迎介绍

（一）常用词汇

下面介绍一些在欢迎介绍的场景中经常会使用到的词汇,如表4-3所示。

表4-3　词汇拓展

副总裁	vice president	工业园区	industrial park
海外营销部	Overseas Trade Department	贵宾	distinguished guest
上市公司	publicly traded company	代表团	delegation
将……总部设在	headquarter	管理方法	management method
化工产品	chemical product	海外投资	overseas investment
矿产	mineral	开发区	development zone
远道而来	from afar	龙头企业	leading enterprise
跨国公司	multinational	独家代理	exclusive agent
管理方法	management method	实地考察	field trips
综合发展指数	comprehensive development index	财富500强企业	fortune 500 companies

（二）经典句型

下面介绍一些欢迎介绍场景中的经典句型，如表4-4所示。

表4-4　经典句型

Welcome to our company.	欢迎光临本公司。
Please allow me to introduce...to you.	请允许我向你介绍……
It's my honor/pleasure to introduce...	我很荣幸/高兴介绍
I would like to introduce the distinguished guests attending the party.	我想介绍出席宴会的尊贵的客人。
I'm so pleased to meet you.	很高兴见到您。
Have a nice trip!	旅途愉快！

（三）口译实践

根据上面的词汇和经典句型，下面将给出相关的口译内容，并从实践中感受口译活动。①

1.段落口译

原文：欢迎来到苏州工业园区。我们很高兴能有机会接待来自美国的贵宾。苏州工业区成立于 1994 年,是中国与新加坡政府之间的重要合作项目,年均增长 30%,综合发展指数在全国开发区中位列第二。苏州工业园区吸引了 1800 家外资企业来投资,其中财富 500 强企业就有 52 家。此外,还吸引外商投资总额达 200 亿美元,国内 7000 余家企业签订的合同金额达人民币 500 亿元。42% 的外资来自欧洲和美国,新加坡占 18%,日本和韩国占 13%,中国香港、中国澳门、中国台湾地区以及其他地区占 27%。我们的目标之一是把这片地区打造成环境优美的、现代化、国际化的新城区。

译文: Welcome to Suzhou Industrial Park. We are very happy to have a chance to receive VIPs from the United States. Suzhou Industrial Park was established in 1994 as an important cooperation project between China and Singaporean governments, an average annual increase of 30%, and the comprehensive development index was second in the national development zone. Suzhou Industrial Park has attracted 1800 foreign countries to invest in, including 52, 500 companies in Wealth. In addition, it also attracts the total amount of foreign investment to 20 billion US dollars, and more than 7,000 companies signed by more than RMB 50 billion. 42% of foreign investment comes from Europe and the United States, Singapore accounts for 18%, Japan and South Korea account for 13%, China Hong Kong, China Macao, China Taiwan and other regions account for 27%. One of our goals is to create a beautiful, modern, and international new city area in this area.

2. 对话口译

原文:

张:早上好,史密斯先生。我是销售部经理张星。

Smith: Good morning, Mr. Zhang.

张:你们远道而来辛苦了。昨晚休息得好吗?

Smith: Yes. Thank you for your arrangement. The hotel room is comfortable.

张:太好了。我们先去见一见公司领导,你们来访他们很高兴。电梯在那边,您请进。

（In the office）

张：史密斯先生，请允许我做一下介绍。这位是中国进出口有限公司的总经理林红女士。林总，这位是环球有限公司的副总裁亚当·史密斯先生，这位是海外营销部经理爱伦·格林女士和迈克尔·布朗先生。

林：你们好！感谢各位远道而来参观我公司。

Smith：Nice to meet you, Ms. Lin. I'd like to express my appreciation to you for your kind invitation.

林：您太客气了。我们开始会谈吧，先请张经理简单介绍一下我们公司的情况。

张：好的。华光是一家上市公司，总部设在北京，是制造行业的龙头，为世界各地的客户提供产品和技术。我们主要生产化工产品和矿产。

Smith：How about your annual production capacity?

张：我们年生产各类矿产 1 000 吨。

Green：Do you handle exports?

林：是的，我公司的出口额约为 3 000 万元，产品主要销往英国、德国、瑞典、日本、韩国和中东等国家。我们愿意与世界主要跨国公司建立各种形式的合作关系，包括充当其在华地区的独家代理。

译文：

Zhang：Good morning, Mr. Smith. I am Zhang Xing, the sales manager.

史密斯：早上好，张先生。

Zhang：You have worked so hard to come from afar. Did you rest well last night?

史密斯：是的。谢谢您的安排。酒店房间很舒适。

Zhang：That's great. Let's meet the company leaders first. You are very happy to visit them. The elevator is over there, please come in.

（在办公室）

Zhang：Mr. Smith, please allow me to make an introduction. This is Ms. Lin Hong, the general manager of China Import & Export Corporation. Mr. Lin, this is Mr. Adam Smith, the vice president of Universal Co., Ltd., and this is Ms. Ellen Green and Mr. Michael Brown, the managers of overseas marketing department.

Lin：Hello! Thank you all for visiting our company from afar.

史密斯：很高兴认识您，林女士。感谢您的盛情邀请。

Lin: You are too kind. Let's start the talk. First, ask Manager Zhang to briefly introduce our company.

Zhang: Okay. Huaguang is a listed company headquartered in Beijing. It is a leader in the manufacturing industry, providing products and technologies to customers all over the world. We mainly produce chemical products and minerals.

史密斯：你们的年生产能力怎么样？

Zhang: We produce 1,000 tons of various minerals annually.

格林：你们做出口吗？

Lin: Yes, our company's export value is about 30 million yuan, and the products are mainly sold to the United Kingdom, Germany, Sweden, Japan, South Korea, the Middle East and other countries. We are willing to establish various forms of cooperation with the world's major multinational corporations, including acting as their exclusive agent in China.

第二节　访问与谈判口译实践

一、访问

访问是有目的的社交方式，是指社会调查中以交谈方式搜集资料的一种方法，又称访谈。随着时代的发展，访问的形式也随之变得多种多样，商务访问、出国商务考察等商务形式的访问也得到了大家的认可。实际上，商务访问的涵盖面非常广，各类会议、展览、培训、商务拜访、购销商品等活动都可以归入商务访问。与普通访问不同的是，商务访问的出行目的以工作为主，商务访问的行程安排也更明确，对配套设备要求更高，要求译员能够通过应用双语技能积极地协调商务活动以确保活动的顺利进行。

在商务访问的口译任务中，译员除承担话语意义的责任外，还扮演着文化协调者、活动助手等角色，这些都是译员应具备的素养要求。常见的商务访问口译有景点讲解、席间谈话、饮食宴请等。译前准备在商务访问口译中尤为重要，包括出行前的准备、商务会谈准备、当地文化风俗概况、菜肴翻译与介绍、数字金额的翻译等。为了应对出行期间可能遇到的困难，译员需充分了解出行的背景，培养良好的组织和应变能力、良好的心理素质等，加强商务专业知识的学习，不断提升自己的双语水平和跨文化交际能力。同时，商务访问往往离不开商务考察，译员需要对商务考察的对象非常熟悉，包括考察对象的性质、规模以及本方的考察目的。从语言层面讲，译员需事先准备好考察对象各级职位的翻译，如总裁、首席执行官、经理、顾问等。此外，商务考察通常会涉及合作意愿的表达，译员需储备一些常见表达，如友好合作、伙伴关系、沟通桥梁等。

　　商务访问是宝贵的口译实践机会，译员应养成随身记录的习惯。每次商务访问结束后，可以从各个方面总结这次行程，比如口译任务来源、性质；译前准备工作，包括背景资料的搜集、词汇表的制作；口译实践的过程，包括口译策略的选择、对各种语境的应对等。为了胜任商务访问口译任务，一名合格的译员应当具备语言、专业知识、组织和应对能力等各方面基本素质，在平时的训练中对自己高标准、严要求，为呈现每一次高质量的翻译任务做好准备。同时，由于商务访问不同于一般性质的场合，译员需注意商务礼仪，除了最基本的站姿、坐姿，还要注意一些肢体语言所表达的细节，如面部略微朝向讲者，用眼神交流提醒讲者这段话已经译完了。在某些场合由于保密需要，可以进行耳语口译。作为商务出行的一员，译员也要参与行程的计划，至少要了解商务访问的日程安排；对于将要参观访问的目的地，比如经济技术开发区、工厂等，译员需要有全面深入的了解。

（一）常用词汇

　　下面介绍一些在访问的场景中经常会使用到的词汇，如表4-5所示。

表4-5　词汇拓展

专栏作家	columnist	现场报道	live report
记者	correspondent	通信社	news agency
采访者	interviewer	新闻发布会	news briefing
说明；解释	account for	换言之	put it in another way
插话	cut in	可以说；打个比喻说	so to speak
时事新闻	current affair	—	—

（二）经典句型

下面介绍访问场景中的一些经典句型，如表4-6所示。

表4-6　经典句型

很荣幸地邀请到……做客我们栏目	It's honor to invite ...as a guest on our column.
可不可以请您谈一谈……	Could you please talk about ...
请问您是如何做到……	How did you do...

（三）成语口译

英汉两种语言历史悠久，包含着大量的成语。广义的成语（Idiom）包括谚语（Proverb）、习语（Set Phrase）、俗语（Common Saying）、格言（Maxim）、俚语（Slang）等固定的短语。例如，在英语中，"a rolling stone gathers no moss"是谚语，"monkey around"是习语，"Well begun is half done"是俗语。

由于成语往往生动精练、通俗易懂、寓意深刻，恰当地运用成语可以使语言活泼风趣，更具表现力，所以经常出现在各种口译场合，在访问的过程中，有时也会使用到一些成语。

无论是英语成语还是汉语成语都蕴含着各自民族独有的文化特色以及文化信息内容，这些成语和传统文化之间有着不可分割的联系，也正是因为其中的文化因素，翻译成语是一项比较困难的活动。②

通常而言，译员主要可以采取以下几种方法进行成语的翻译。

1. 套用译法（Idiom for Idiom）

人类思维的共性使得许多英汉成语在意义、形式或修辞色彩上不谋而合,因此在口译时可以直接套用目标语中的成语。

（1）形同意合的成语（有完全相同的形象性比喻）。例如：

a drop in the ocean 沧海一粟

Facts speak louder than words.

事实胜于雄辩。

Out of sight, out of mind.

眼不见为净。

Misfortunes never come alone.

祸不单行。

（2）形异意合的成语（文化内涵相同,但喻体不同）。例如：

to grow like mushrooms 如雨后春笋般地生长（或涌现）

to spend money like water 挥金如土

There is no smoke without fire.

无风不起浪。

Penny wise, pound foolish.

丢了西瓜,捡了芝麻。

Rome was not built in a day.

冰冻三尺,非一日之寒。

这种"保形存意"的套用译法是成语口译的最佳选择,因为这既传达了意义又体现了成语独特的语言形式和风格。这就要求译员平时多积累英汉成语,这样在口译时才能灵活运用。

2. 直译法（Literal Translation）

直译就是在不违背译文语言规范以及不引起错误联想的前提下,在译文中保留成语的比喻、形象以及民族、地方色彩的方法。[③]还有一些英语成语最初被直译为汉语,后来通过翻译等途径最终在汉语里固定下来,成了汉语的一部分并为中国人所接受。例如：

Easy come, easy go.

来得容易,去得快。

Barking dogs do not bite.

会叫的狗不咬人。

to go into the red 出现赤字

All is not gold that glitters.

闪闪发光物，并非皆金子。

Failure is the mother of success.

失败乃成功之母。

A near neighbor is better than a distant cousin.

远亲不如近邻。

One generation plants a tree; the next sits in its shade.

前人栽树，后人乘凉。

3. 意译法（Free Translation）

当目标语中无法找到意义等值的成语时，应"弃形存意"，即以意义为核心，进行解释性的传译。

有一些成语所带有的文化意义是十分浓厚的，在英语中这类成语被称作 Culture-loaded Idiom，在翻译这些内容时，译员就不能按照字面的意思进行翻译，不然很有可能会导致译文同原文之间的意思不同，丧失了源语功能。例如：

挂羊头，卖狗肉。

Say one thing and do another.

木已成舟／覆水难收。

What's done is done and cannot be undone.

天有不测风云。

Something unexpected may happen any time.

打开天窗说亮话 frankly speaking

王小二过年，一年不如一年。

To be going from bad to worse.

4. 直译加注法（Literal Translation Combined with Paraphrasing）

在翻译的时候，为了不破坏成语中原有的文化意义，译员通常都会采用直译的方法，但有的时候听众并不能理解直译的内容，这个时候译员可以在直译之后加入相关的解释，让听众了解真正意义的同时，感受其中的文化色彩。这种翻译的方式是一种变通的方式，不仅简洁直接，而且形意并用。当这些成语被大众熟知后，再对其进行翻译时只需要直译即可，因为人们已经了解了它的实际含义。例如：

a Pandora's box 潘多拉之盒——灾难、麻烦、祸害的根源等。

To carry coals to Newcastle.

把煤运到纽卡斯尔——多此一举。

杀鸡给猴看 to kill the chicken to frighten the monkey—to punish someone as a warning to others

生米煮成熟饭

The rice is already cooked—what is done cannot be undone.

缘木求鱼

Climb a tree to catch fish—a fruitless approach.

（四）口译实践

根据上面的词汇和句型，下面将给出相关的口译内容，并从实践中感受口译活动。

1. 段落口译

原文：Google, Starbucks and Motorola, they are all brands easily recognizable around the world and getting even more so according to a new survey of the top 100 global brands. Of all, tech companies seem to be gaining dominance, Coca Cola still holds the number 1 spot. Microsoft is number 2, and IBM comes in at number 3. Business Week and Interbrands team up annually to determine these rankings, and joining us now to discuss them is Interbrands' Chief Executive John Allert. John, thanks for being here. Very briefly, what are the criteria?

译文：谷歌、星巴克、摩托罗拉这些商标世界闻名，而且根据新的全球品牌百强排名调查，它们还会越来越出名。这其中，科技公司似乎占领了统治地位，可口可乐仍然占据榜首，微软和国际商业机器公司紧随其后，商业周刊和品牌咨询公司每年给这些品牌进行排名。今天来到我们节目的就是品牌咨询公司总裁约翰·阿勒特先生。约翰先生，首先感谢您来到我们节目。能不能先简单地跟我们说说排名的标准是什么？

2. 对话口译

原文：

记者：我们今天请到的嘉宾是脸书的创始人与首席执行官马克·扎克伯格。欢迎来到我们的节目。

Zuckerberg: It's an honor to be here, and if you call me Mark, I'd be honored as well.

记者：好的，马克。仅仅用了五年时间，脸书全球用户就达到了2.5亿，脸书也成为全球范围内的一种文化现象。您当年在哈佛大学学生宿舍办脸书时，是否已预见脸书今日的局面？

Zuckerberg: Well, no. It was a really interesting time. Like a lot of college kids, we spent a lot of time talking about abstract things that interested us and how things in world would play out, about trends in technology. We had no idea that we would build a business. I was just building something that would let me and the people around me stay in touch. But then it just kind of grew and grew.

记者：脸书今后究竟能够发展到多大规模？脸书用户能否突破十亿大关？

Zuckerberg: It's always hard to say what is the ultimate size that things can get to. It's very hard to predict.

记者：您最担心的是什么？

Zuckerberg: Right now is a time when we are growing well in a lot of ways. Our user base is expanding quickly. Our revenue is growing well. We're doing well in recruiting, and adding some awesome people to our company. The question is, how do we maintain this?How do we keep on growing?

记者：您对脸书的展望是什么？您觉得年后脸书将会是什么样子？

Zuckerberg: Facebook will be less about Facebook. com and more about this underlying system and platform we're building. What we're trying to do is be more about letting people use their information on any site or platform they want. Within five years we hope to have hundreds of millions of more people using Facebook. But it's more about using the system to make other sites more social.

记者：非常感谢您能抽出时间来接受我的采访，我们感激不尽！

Zuckerberg: In fact, it's a pleasure. Thank you for allowing me to share my views.

译文：

Reporter: Our guest today is Mark Zuckerberg, the founder and CEO of Facebook. Welcome to our show.

扎克伯格：很荣幸来到这里，您叫我马克就好了。

Reporter：Okay, Mark. In just five years, Facebook's global users reached 250 million, and Facebook has become a cultural phenomenon on a global scale. When you started Facebook in the student dormitory of Harvard University, did you foresee what Facebook will be like today?

扎克伯格：并没有，但那真是一段有趣的时光。像许多大学生一样，我们花了很多时间谈论我们比较感兴趣的，而且是一些比较抽象的事物，以及从技术趋势上来看，这些事物又将会在世界上如何发展？从来没有想过我们建立起的会是一个企业。我只是在建立一些能够让我和我周围的人保持联系的东西。但后来它开始慢慢地成长起来。

Reporter：How big can Facebook develop in the future? Can Facebook users exceed one billion?

扎克伯格：一件事物能够达到的最终规模是很难说清楚的，所以我很难预测。

Reporter：What are you most worried about?

扎克伯格：在许多方面，脸书都正处于一个发展良好的阶段，我们的用户群正在迅速扩大，收入的增长状况良好，而且招聘工作也做得很好，为我们的公司增加了许多优秀的人才。但问题是，我们如何才能保持住这种状态？以及我们接下来要如何继续发展下去？

Reporter：What is your outlook for Facebook? What do you think Facebook will be like in the next year?

扎克伯格：脸书将不再关注网站，而是更多关注我们正在构建的底层系统以及这个平台。我们要做的是让人们在他们想要的任何网站或平台上，都可以使用他们所掌握的信息。在五年内，我们希望有数亿人都能使用脸书。但更多的应该是使用该系统，从而让其他网站更具社交性。

Reporter：Thank you very much for taking the time to accept my interview. We are grateful!

扎克伯格：这是我的荣幸，谢谢您让我分享我的观点。

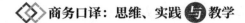

二、谈判

在一些正式谈判的场合中，译员通常所使用的口译方式是连续传译，最终口译活动是否能顺利完成，取决于译员在连续传译过程中所做的笔记是否优秀。当发言人将自己所要表达的完整的意思说清楚后，译员再对其内容进行口译的活动就是连续传译。

连续传译是一项难度比较大的口译任务，因为译员需要将长达几分钟或十几分钟的内容全部都记住，并且完整地口译出来，在段落中可能还会出现比较难记的人名或地名，以及复杂的数字等内容，为了将发言人表述的内容准确地口译出来，就需要译员通过记录的方法加以辅助，因为光靠记忆是完不成的。在所有的口译技巧中，记笔记是译员需要掌握的最基本的一项技巧。④如果译员能熟练掌握记笔记的技巧，无论是在连续口译还是其他类型的口译活动中，都可以帮助译员顺利地完成口译任务。如果其他的口译技巧译员没有完全掌握，记笔记也可以帮助译员弥补其不足。

（一）商务谈判技巧（Business Negotiation Techniques）

马什（P. D. V. Marsh）是英国著名谈判学家，他从结构的角度将谈判的全过程分成了六个阶段：第一个阶段为准备谈判的阶段，第二个阶段为开始谈判的阶段，第三个阶段为谈判过程中的过渡阶段，第四个阶段为实质性谈判阶段，第五个阶段为交易明确的阶段，第六个阶段为结束谈判的阶段。

每个阶段都有其显著的特点和重点。为了便于理解，可将马什的六步谈判流程简化为以下四个阶段。

1. 谈判准备阶段（Preparation of Business Negotiation）

在这一阶段，谈判双方围绕设立谈判目标、制订谈判方案、组建谈判队伍、收集信息情报等工作任务，做好谈判前的准备工作。

谈判前，既要对对方的情况做充分的调查了解并分析其强弱项，哪些问题可谈，什么问题重要，对谈判成果做出预期判断，同时要分析己方情况，明确谈判底线，最后制订出达成目标的多重方案。

2. 谈判开局阶段（Opening of Business Negotiation）

双方正式会面，通过开局阶段的谈判，为之后主体议题的磋商奠定基础。本环节谈判人员的沟通技能包括以下三个方面：第一个方面为营造良好的谈判气氛，良好的谈判气氛一般是通过互相介绍、寒暄及双方接触时的表情、姿态、动作、语气等方面来实现的。第二个方面为围绕谈判的 4Ps 进行有效交流，包括谈判目的（Purpose）、谈判计划（Plan）、进度和议程（Pace）、人员（Personnel），其中谈判的进度和议程是开局阶段双方谈判的重点。第三个方面为谈判各方做开场陈述，表明己方意图并了解对方意图，双方分别阐述己方的基本立场、观点和利益，也是让对方了解己方的期望、谈判风格和表达方式的过程。

3. 正式磋商阶段（Bargaining Process）

一般以货物买卖谈判的价格条款谈判为切入点，磋商阶段分为"报价—议价—讨价还价"三段式磋商。

（1）报价阶段：作为卖方，报价起点要高，开最高的价格，为谈判留下周旋的余地，但不可漫天要价；作为买方，出价起点要低，出最低的价格。这"一高一低"的报价起点策略是商务谈判中的惯例。提出报价的最佳时机一般是对方询问价格时，因为这说明对方已经对商品产生了交易欲望，此时报价往往水到渠成。无论是口头还是书面的报价方式，表达都必须十分果断、明确，似乎没有可商量的余地。

（2）议价阶段：这个阶段既可以要求对方解释报价的原因，也可以对其报价进行评论或抱怨。价格评论既要针锋相对，又要以理服人。

（3）讨价还价：还价前应设法摸清对方的报价条件中哪些是关键的、主要的，哪些是附加的、次要的，哪些是虚设的、诱惑性的。只有把这些搞清楚，才能策略性地进行讨价还价。

4. 结束签约阶段（Closing a Deal and Signing a Contract）

成交是谈判最为关键的时候，谈判者必须学会正确判断谈判终结的时机才能运用好结束阶段的策略。谈判者要紧紧抓住一切可能的机会，发出成交邀请，同时要敏锐洞察对方释放出的交易信号。在完成最后的签约之前，双方在利益上可能存在一定的分歧，可考虑运用以下谈判策略。

（1）最后期限策略：在对方比你更需要达成协议的条件下，限定最后期限往往会使对方产生心理压力，使对方有种机不可失、时不再来的心理。运用这一策略能有效地限制对方的选择余地，促成协议的缔结。

（2）最后让步策略：从另一个角度来看谈判，我们可以将其看作谈判双方妥协的结果。最后让步策略就是其中一方在谈判的最后阶段，适当的做出一点妥协与让步，这样更容易让另一方接受交易。在使用该策略时需要对谈判的时间以及让步的程度多加注意。

（3）最后获利策略：在签约前，提出一个小小的请求，要求对方再让出一点点作为结束谈判并签订合同的前提。但条件不宜过大，以免因小失大，丧失合同。

（二）常用词汇

下面介绍一些在谈判的场景中经常会使用到的词汇，如表4-7所示。

表4-7　词汇拓展

单价	unit price	询盘	inquiry offer
总价	total price	还盘	counter offer
零售价	retail price	报盘	offer
售价	selling price	实盘	firm offer
到岸价	CIF	订单	order from
离岸价	FOB	独家代理商	sole agency
成本价	cost price	采购合同	purchase contract
批发价	wholesale price	销售合同	sales contract
合同价格	contract price	原样	original sample
优惠价格	discounted prices	有效期	time of validity

（三）经典句型

下面介绍在谈判的场景中会使用到的一些经典句型，如表4-8所示。

表4-8　经典句型

开始谈判前，您确信您有权处理谈判的事务吗？	Before starting the negotiation, are you sure that you have the right to handle the negotiation?
我们可以先达成供货的原则，然后再谈具体的交货时间。	We can reach the principle of supply first, and then talk about the specific delivery time.

续表

好的，让我们先谈单价而不是折扣。	OK, let's talk about unit price rather than discount.
行了，让我们明天再谈合同的细节。	Well, let's discuss the details of the contract tomorrow.
我想咨询有关于……的事情。	I'd like to consult about...
我们之间可能有一些误会。	I'm afraid we may have some misunderstandings here.
我们通常以相互达成的条款执行。	We generally do it on the basis of our mutual agreed terms.
如果你们给我们合理的折扣，我们计划同意你们的条件。	If you give us a reasonable discount, we plan to agree to your terms.
我们之间可能有较大的分歧。	There may be big gap between us.
很高兴，你们接受了支付条款。	I am so glad that you have accepted the payment terms.

（四）口译实践

根据上面的词汇和句型，下面将给出相关的口译内容，并从实践中感受口译活动。

1. 段落口译

原文：We regret to say that your offer is unacceptable. You know that we don't have a large stock and, what's worse, our producer is having difficulty in increasing production as a result of unstable supply of raw materials and the influence of the financial crisis. Therefore, our products are in short supply. At the same time, we've several other purchasers contacting us at the moment. With all things considered, we'll be obliged to conclude a purchase contract with them if your offer is not competitive enough.

译文：我很遗憾地说我们不能够接受你出的价格。你知道，我们的货物现在库存不多，加上金融危机的影响，原料的供应很不稳定，生产商无法扩大生产，因此产品已经是供不应求。除你之外，现在还有好几个采购商同时在和我们进行接触，因此，如果你的出价没有竞争性，我们只能被迫跟其他的采购商签订订货合约。

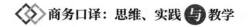

2. 对话口译

原文：

A：We'd like to know your plan to push the sales of your products since you'd like to act as our sole agent. You understand that an agent will give us a great help to break into a new market.

B：我们会在报纸上和电视节目里多登广告,还会派出推销员到各处促销。我们建议保证的年销售额先定为 30 万美元。

A：What is the territory to be covered?

B：代理地区包括整个美国。

A：And the rate of commission you want to charge?

B：我们的佣金合理,我们通常收取每笔交易额的 15% 作为佣金。

A：But all our agents in this line are getting a 10% commission.

B：我们的客户对你们的产品不熟悉,推广你们的产品我们得花许多钱。你刚才也说过,为了从别的厂家抢生意,要做大量的前期工作。你们必须把广告费用考虑在内。另外,培训销售人员也要不少费用。所以我认为你应该给我们 15% 的佣金。

A：Our price is worked out according to the cost. A 15% commission means an increase in our price. Well, to help you push sale, we could make this an exception and give you a 13% commission for a trial period of one year.

B：超过定额每多销 500 台,我们便多得佣金 1%,你看好吗?

A：OK. For every 500 sets sold in excess of the quota you will get 1% more in commission for your efforts. We will send you our catalogues and other promotional materials free of charge. The advertising expense shall be shared between us on 50-50 basis. If the cooperation is pleasant, we would discuss the commission for the next year.

B：好的。我们期待着双方愉快而又成功的合作。

译文：

A：既然你要做我们的独家代理,我们想知道推销我们产品的计划,你知道为打入新市场,代理人将给我们很大帮助。

B：Well, we'll do a lot of advertising in newspapers and on TV programs. Also we'll send our salesmen around to promote the sales of your goods. We propose the guaranteed amount be 300,000 US dollars for a start.

A：代理地区包括哪些地方？

B：The territory to be covered is the whole of the United States.

A：你收取多少佣金？

B：Our commission is quite reasonable. We usually charge 15% of each transaction as a commission.

A：但是我们这类商品的所有代理商都只拿 10% 的佣金。

B：Our customers are not familiar with your goods, so we'll have to spend a lot of money in popularizing your products. As you indicated just now, a lot of initial work has to be done to draw business away from other consideration. The training adds to the expenses too. So what I have in mind is 15%.

A：我们产品的价格是要按照成本来计算的。15% 的佣金意味着要提高价格。为了帮助你们推销，我们这次可以破例，给你 13% 的佣金，试销一年。

B：For every 500 sets sold in excess of the quote we will get 1% more in commission. Is that all right？

A：好吧，由于你们的努力，超过定额每多 500 台，我们便多给佣金 1%。我们免费给你们提供目录单和其他推销资料，广告费用我们平摊。如果合作愉快的话，我们再讨论下一年的佣金。

B：Quite reasonable. We look forward to happy and successful cooperation between us.

第三节　宴会与旅行口译实践

一、宴会

主人与客人在一起喝酒吃饭的聚会通常被称为宴会，宴会最主要的特征是正式与隆重。宴会一般都被设置在正餐的时间，主人会为每一个参与宴会的客人安排属于自己的座位，宴会上的菜品都是服务员按照专门设计好的菜单摆上餐桌的。宴会的类型有许多种，按照规格一共可分为以下四种。

宴会的第一个类型为国宴，其宴会的规格是最高的。国宴作为一场正式宴会通常是在有国外的国家领导人到我国访问时所举办的，或者是我国的国家领导人为国家庆典而举办的。如果是为外国的国家领导人举办的宴会，则需要在宴会厅内挂中外两国的国旗，还需要有乐队，其演奏的曲目一定要有两国的国歌，以及席间的乐曲。主人与客人还需要在席间祝酒以及致辞。

宴会的第二个类型为正式宴会，此宴会的具体安排和国宴大体上比较相似，其不同之处在于正式宴会不需要在宴会厅内悬挂国旗和演奏国歌，同时，在规格上也有一些差异。但在席间依旧需要安排乐队演奏席间乐，而主人与客人的座位则是按照身份进行排位的。不同的国家对于正式宴会的要求也是不同的，有一些国家对正式宴会中菜品上桌的程序、宴会中菜品的数量，甚至是餐具都有着极其严格的要求。

宴会的第三个类型为便宴。便宴并不是一种正式宴会，其宴会安排的时间可以是早上，即早宴；可以是中午，即午宴；也可以是晚上，即晚宴。灵活简便就是便宴最大的特点，主人不需要特地为客人安排其各自的席位，也不需要在席间发表正式的言论，便宴中的餐品可以丰盛也可以俭朴。有一些便宴为了显得更加随和，会采用自助餐的形式，人们在席间可以随意走动，选取自己想要吃的菜品。

宴会的第四个类型为家宴。便宴设置在家中用以招待客人就是家宴。在西方国家，最常见的家宴就是自助餐的形式，更加凸显宴会的亲切感，但是其菜品并没有中国的菜品丰富。菜品的制作通常由家中的主妇来完成，客人是由夫妻双方共同招待的，让家宴的氛围更加亲切与友好。

宴请宾客是外事活动中不可缺少的一个环节。在此过程中，口译人员的主要任务是把宾主双方的介绍、席间交谈及领导人祝酒词等翻译出来。在很多时候，宴请是很随意的，气氛很轻松。席间，口译人员会碰到中国菜肴的翻译。中国菜肴名称往往含有典故或用词典雅。[⑤]翻译中国菜肴重在将制作原料和烹制方法翻译出来即可。参加宴请，口译人员应注意自己的服饰、仪表，更要注意礼仪。做到着装整齐，彬彬有礼。在用餐期间主宾需要翻译时，翻译应注意先将口中食物吞咽完后再做翻译。在宴会上口译员一般不能够做笔记，所以应着重传达意思。口译员在宴会上吃东西要特别谨慎。因为要随时做好口译的准备，带骨头的、有刺的、难以吞咽的东西要尽量避免，以免突然有人讲话而措手不及。

（一）常用词汇

下面介绍一些在宴会的场景中经常会使用到的词汇，如表4-9所示。

表 4-9　词汇拓展

欢迎宴会	welcome dinner	四大菜系	four major cuisines
午宴（附有情况介绍或专题演讲等内容）	luncheon	美味佳肴	delicacies/specialties
晚宴	dinner party/banquet	麻辣的	hot and spicy
便宴	informal dinner	清蒸的	steamed
便餐	light meal	白灼的	boiled
工作午餐	working/business luncheon	椒盐的	salted and spicy
自助餐	buffet dinner/luncheon	烤／烧的	roasted
答谢宴会	reciprocal banquet	炖的	stewed
告别宴会	farewell dinner	红烧的	braised
庆功宴会	glee feast	食谱	recipe
招待会	reception	菜谱	menu
鸡尾酒会	cocktail party	特色菜	specialty
茶话会	tea party	致祝酒词	to propose a toast
套餐／定餐	table d' hote	餐前小点	appetizers
点餐	à la carte	汤／羹	soup
为……举行宴会	host a dinner in honor of...	海鲜	seafood
款待	to entertain	煲仔	clay pot
用餐礼仪	table manners	甜品	dessert
色、香、味	color, flavor and taste	快餐	fast food

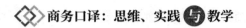

（二）经典句型

下面介绍一些在宴会的场景中会使用到的经典句型，如表4-10所示。

表4-10 经典句型

祝您健康！	Here's to your health！	你能告诉我这道菜是怎么做的吗？	Could you tell me how this dish is cooked？
为您的成功干杯！	Here's to your success！	这道菜在这里很受欢迎。	It's the most popular dish here.
干杯！	Cheers！	请随便吃点……	Help yourself to...
现在我提议为我们的成功合作干杯！	Now I propose a toast to the success of our cooperation.	请别客气。	Make yourself at home.
为我们的友谊干杯！	May I propose a toast to our friendship！	希望你度过了一个愉快的晚宴。	I hope you've enjoyed the dinner.
让我们共同举杯为……的健康干杯	May I raise my glass with the guests present, in a toast to the health of...	你这样说太客气了。	It's very kind of you to say so.
最后，让我们共同举杯为……的健康干杯！	In conclusion, I ask all of you present to join me in raising your glasses to the health of...	你喜欢吃中餐吗？	Do you like Chinese food？
你们今天有什么特色菜？	Do you have any special meals today？	招待会现在开始。	The reception will now begin.
你有什么推荐的？	What would you recommend？	女士们，先生们，欢迎各位光临。演出很快就要开始了，请尽快就座。	Ladies and gentlemen, good evening. The concert/show will start soon. Please be seated. Thank you.

续表

我想来点清淡的。	I prefer something light.	现在请……讲话。	I have the honor to call upon...

（三）口译实践

根据上面的词汇和句型，下面将给出相关的口译内容，并从实践中感受口译活动。

1. 段落口译

原文：Good evening, Mr. Li, ladies and gentlemen! My visit to China is now drawing to an end and I thank you very much for your warm reception. I'm very pleased to see that we have reached an agreement on future cooperation between us. Now I'd like to take this opportunity, on behalf of my company, to extend my warm congratulations to you all on the successful negotiations we have had on our future cooperation. I'd also like to thank my Chinese colleagues for their hard work in supporting me during my stay here. I wish you the best of luck and truly appreciate you all. Thank you!

译文：

尊敬的李总经理，女士们，先生们，大家晚上好！我的这次中国之行即将圆满结束，我衷心感谢你们的盛情款待。我很高兴地看到我们双方就合作事宜达成了协议。在此，我谨代表公司对我们的合作成功表示热烈祝贺！对在我访问中国期间为我付出辛勤劳动的各位同行表示衷心感谢，并向在座的各位朋友致以诚挚祝福！谢谢！

2. 对话口译

原文：

王：今晚的晚宴定在八龙餐馆。

Smith：Eight Dragon! That's a very interesting name! It must be a traditional Chinese restaurant.

王：对。中国人很喜欢龙，认为它能够带来好运；因此我选了这家餐馆，希望它也能够给你带来好运。

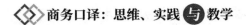

Smith: Thank you! I've heard so much about Chinese cuisine, and I've been wanting to try it for a long time.

王：中国菜是世界有名的菜式之一。这家餐馆的菜式都是本地有名的。我相信你会喜欢。

Smith: You bet I will. By the way, how is Guangxi cuisine different from that found in any other places in China?

王：跟中国其他地方相比，广西菜味道偏淡。但在南宁的餐馆里，你可以吃到全国各地的菜式。

Smith: I like foods with a light taste. They are better for our health.

王：是的，说得对。

译文：

王：We are going to have dinner in the Eight Dragon Restaurant.

Smith: 八龙，这个名字很有意思。我想这一定是一家传统的中国餐厅。

王：You're right. The dragon is very popular with the Chinese, since we believe that it can bring us good luck. That's also why I have chosen this restaurant; that is, I hope that it can bring you good luck, too.

Smith: 谢谢！中国菜我早有耳闻，很早就想尝一尝了。

王：Chinese cuisine is one of the most famous in the world. The food in this restaurant is very famous around here and I hope you will enjoy it.

Smith: 我相信自己会很喜欢。跟中国其他地方相比，广西的菜有什么特别的地方？

王：Compared with those in other places in China, Guangxi cuisine has a light taste. But in the restaurants in Nanning, you can have the various foods from other places in China, also.

Smith: 我喜欢味道清淡的食物，它们更健康。

王：I agree with you.

二、旅行

到其他城市或国家从事商务活动，不可避免要涉及商务旅行。

商务旅行是旅游形式中的一种，主要是将商业的经营活动同旅行相结合，主要目的依旧是经商。除了结合旅游活动，商务旅行也可以指为完成工作到外地参与同商业事务相关的各种个人活动或者是集体活动，其具体的表现形式包含很多种，主要有商务旅行、会展旅行、奖励旅行及政务旅行等。商务旅行的特点有两点：商务旅行的目的地大多限于城市和风景区；旅行者通常为企业高级管理人才、商场推销人员等专业人士。

（一）商务旅行口译的要点

针对商务旅行的特点，在口译前译员要注意做好两个准备工作。

其一，要对口译服务对象的专业领域以及相关内容做好充分的准备。与一般的旅行口译不同，商务旅行者要求译员事先对服务对象的工作领域必须做足准备工作，包括对术语以及该领域市场情况的了解，不然在口译中容易出现"卡壳"。

其二，译员还必须对旅游目的地的情况做好充足准备，比如景点的介绍、当地民俗习惯、风土人情以及其他相关知识的预了解等；由于旅行者往往为企业的高级人才，对译员的要求会更高。⑥对北京、上海、广州等商业发达城市的相关介绍，译员应在平时就注重积累，这样在执行口译任务时就能胸有成竹、事半功倍。

（二）常用词汇

下面介绍一些在商务旅行的场景中经常会使用到的词汇，如表4-11所示。

表4-11　词汇拓展

报销单；费用账户	expense account	大都会	metropolitan city
日程安排	itinerary	国际化大都市	cosmopolitan city
来回旅程	round tour	必游之地	a must tourist attraction
报销	reimbursement	旅游旺季	tourist season
去……出差	go to...on business	旅游目的地	tourist destination
国家公园	national park	旅游黄金周	golden week for tourism

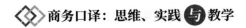

续表

国际驾照	international driver's license	旅行社	travel agency
直达航班	non-stop flight	天下奇观	wondrous spectacle
头等舱	first class	主题公园	theme park
经济舱	economy class	避暑胜地	summer resort
商务舱	business class	黄金线路	hot travel route
旅游热点	tourist attraction; tourist destination	历史文化名城	a well-known historic and cultural city
直辖市	municipality directly under Central Government	自然保护区	nature reserve; nature preservation zone

（三）经典句型

下面介绍一些在旅行的场景中会使用到的经典句型，如表4-12所示。

表4-12 经典句型

我们现在到了……	We are now...	您还想参观……吗？	Do you want to visit...?
它是……的标志	It is a sign of...	这里素有……的美誉	It is known as...
文房四宝	the four stationery treasures of the Chinese study, writing brush, ink, ink stone and paper		
如果明天天气不好，我们就改后天出发。	If the weather is bad tomorrow, we will start the day after tomorrow.		

（四）口译实践

根据上面的词汇，下面将给出相关的口译内容，并从实践中感受口译活动。

1. 段落口译

原文：When you go out for a business trip, it's necessary to dress appropriately because you have to meet customers, clients and the public. For men, suitable attire includes suits, sports jackets and pants that are typical of business formal attire at work. For women, business attire includes pant and skirt suits and sports jackets appropriate to a formal business attire environment.

译文：当需要开启一段商务旅行时，穿着得体是十分有必要的，因为你一定会见到你的客户、委托人和一些公众人物。对于男士来说，合适的着装包括西装、运动夹克和裤子，这些都是典型的商务正装。对于女性来说，商务着装包括适合正式商务着装环境的裤装和裙子套装以及运动夹克。

2. 对话口译

原文：

李：您好，我是美华公司的总经理，很高兴见到您。

Tony: Nice to meet you. My name is Tony.

李：刚下飞机应该很累吧，我们已经帮您订好了酒店，要不要先送您回酒店休息？

Tony: Thanks. Actually I don't feel tired at all. This is the first time I come to Chengdu. I've heard it is a beautiful city in China, isn't it?

李：是的。成都是四川省省会，是个迷人的城市。我敢说您此行一定会很棒。

Tony: I am told that Chengdu is a historic city and now it has grown into one of China's major industrial and commercial cities.

李：的确如此。我们的会议安排在明天，要不今天我带您到处逛逛？

Tony: That sounds interesting. Would you recommend some scenic spots that worth visiting in Chengdu?

李：当然。首先我要向你推荐熊猫基地。宽窄巷子也值得一去。

Tony: OK. I also heard Chengdu food is also quite famous. Is it true?

李：是的，的确如此。成都小吃以辣著称，今天下午我们就可以去尝尝。

Tony: Great. I like spicy food!

李：那我们赶紧出发吧。希望您的成都之行愉快！

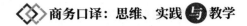

译文：

Li：Hello, I am the general manager of Meihua Company. I am glad to meet you.

托尼：很高兴认识你。我叫托尼。

Li：You should be very tired just after getting off the plane. We have already booked the hotel for you. Would you like to take you back to the hotel to rest first?

托尼：谢谢。其实我一点都不觉得累。这是我第一次来成都，我听说在中国，这是一个美丽的城市，是这样的吗？

Li：Yes. Chengdu is the capital of Sichuan Province and a charming city. Dare to say that your trip will be great.

托尼：听说成都是一座历史名城，现在已经发展成为中国主要的工商业城市之一。

Li：Indeed. Our meeting is scheduled for tomorrow, how about I show you around today?

托尼：听起来很有趣。成都有没有值得游玩的一些景点，可以给我推荐一下吗？

Li：Of course. First of all, I want to recommend the Panda Base to you. China Lane is also worth a visit.

托尼：好的。我还听说成都菜也挺有名的，是真的吗？

Li：Yes, it is true. Chengdu snacks are famous for their spicy food, so we can try them this afternoon.

托尼：太好了。我喜欢吃辣！

Li：Then let's hurry up. Hope you have a pleasant trip to Chengdu!

第四节　观光与会议口译实践

一、观光

（一）常用词汇

下面介绍一些在观光的场景中经常会使用到的词汇，如表 4-13

所示。

表4-13　词汇拓展

春游	spring outing	旅游景点	tourist attraction
走马观花地游览	make a quick tour	鸟瞰	have a bird's eye view of
五星级饭店	five-star hotel	博览美景	have a fine view of
包价旅游；跟团旅游	package tour	国家级风景名胜区	national level scenic area
领略自然景观的魅力	appreciate the charms of natural landscape	秋游	autumn outing/fall excursion
亭台楼阁	pavilions, terraces, and towers	名川大山	famous mountains and great rivers
名胜古迹	scenic spots and historic sites/places of scenic beauty and historical interests	江南水乡	south of the lower reaches of the Yangtze River

（二）经典句型

下面介绍在观光的场景中会使用到的一些经典句型，如表4-14所示。

表4-14　经典句型

请妥善保管好个人的贵重物品。	Please take good care of your personal valuables.
站在楼顶，你可以俯瞰整座城市的风景。	Standing on the top of the building, you can overlook the entire city.
非常高兴能在整个观光的过程中陪伴各位。	I am very happy to accompany you throughout the entire sightseeing process.
请听从我们导游的安排，遵守时间，以便顺利完成整个行程。	Please follow the arrangements of our tour guide and observe the time in order to complete the whole trip smoothly.
在观光开始之前，有几个注意事项要提醒一下大家。	Before the start of the sightseeing, there are a few things to remind everyone of.
如果大家现在或在旅行中有什么问题请随时向我提出来。	If you have any questions now or during the sightseeing, please feel free to ask me.

（三）口译实践

根据上面的词汇，下面将给出相关的口译内容，并从实践中感受口译活动。

原文：浙江位于中国东南沿海的长江三角洲南部。浙江的 70% 都是山，10% 是水，其余的 20% 是平原。

它历史悠久，文化灿烂，自然风光迷人，名胜古迹和旅游景点众多。素有"鱼米之乡、丝绸茶之乡"的美誉。浙江稻米产量名列全国，拥有全国最大的渔场——舟山渔场。龙井茶是中国名茶之一。浙江省的省会杭州也因丝绸伞和手扇而闻名。浙菜是中国八大传统菜系之一。

浙江的戏曲种类繁多。越剧、昆剧、韶剧、吴剧等地方戏曲蓬勃发展。其中，越剧已经上升到了一个独特的位置，成为中国戏曲的主要形式之一。

杭州西湖不仅因风景如画而著称，在历史长河中也因众多文人墨客、民族英雄而驰名。浙江省南部城市金华横店镇，是中国最大的影视剧拍摄基地，被誉为"中国好莱坞"。

译文⑦: Zhejiang is located in the southern part of the Yangtze River Delta on the southeast coast of China. It is said that Zhejiang has 70% hills, 10% water, and 20% plains.

It has a long history and brilliant culture, with charming natural scenery, places of historical and cultural interests, and many other tourist attractions. It has been named "the land of fish and rice and the place of silk and tea." True to its name, Zhejiang's rice production enjoys national recognition and it has the largest fishery in the country, namely Zhoushan fishery. Longjing tea, also called dragon well tea, is one of the most prestigious Chinese tea. Hangzhou, the capital city of Zhejiang, is also renowned for its silk umbrellas and hand fans. Zhejiang cuisine is one of the eight greatest traditions of Chinese cuisine.

Zhejiang has a rich variety of operas. Local operas such as the Yue, Kun, Shao, and Wu Opera are thriving. Among them, the Yue Opera has ascended to a distinct position and become one of the major forms of Chinese opera.

The West Lake in Hangzhou is not only famous for its picturesque landscape, but for many scholars and national heroes in the long course of history. Hengdian town of Jinhua, a city in southern part of Zhejiang, is the largest base of shooting films and TV dramas in China, therefore it is called "China's Hollywood".

二、会 议

商务会议多涉及商业机密，译员应该遵守职业道德，不随意公开会议内容。在正式会谈中，除主谈人及指定发言者之外，其他人员的插话、发言，只有征得主谈人同意后，才可以进行翻译。⑧译员应准确掌握会谈时间、地点和双方参加人员的名单。

（一）常用词汇

下面介绍一些在会议的场景中经常会使用到的词汇，如表4-15所示。

表4-15　词汇拓展

现代企业资源计划管理	ERP	鸡尾酒会	cocktail party
应用服务提供商	application service provider	欢迎会	welcome meeting
呼叫中心	call center	惜别会	farewell party
身份认证	certificate authority	慈善餐会	box supper
营销组合	marketing mix	义卖场	fancy fair
增值网络	value-added network	代表大会	congress
茶会	tea party	讨论会	symposium
晚餐会	dinner party	学习研讨会	study group
午餐会	luncheon party	讲习会	seminar
立食宴会	buffet party	圆桌	round table

（二）经典句型

下面介绍在会议的场景中会使用到的一些经典句型，如表4-16

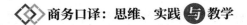

所示。

表 4-16　经典句型

我认为这是一个双赢的协议。	I think this is a win-win agreement.
我们想与贵公司建立长期的合作关系。	We want to establish a long-term cooperative relationship with your company.
希望我们能够得到我们想要的先进技术。	Hope we can get the advanced technology we want.
根据我们今天的会谈,希望今天就能同贵公司签订合同。	According to our talks today, we hope to sign a contract with your company today.
这会帮助我们吸取大量的海外经验。	This will help us learn a lot of overseas experience.
它能帮助我们拓宽外部合作的渠道。	It can help us broaden the channels for external cooperation.

（三）口译实践

根据上面的词汇,下面将给出相关的口译内容,并从实践中感受口译活动。

原文:

尊敬的各位领导、各位来宾,大家下午好!

非常荣幸能够代表淘宝网在这里发言。淘宝自 2003 年 5 月成立以来,秉承诚信为本、服务为先的原则,从零做起,在短短几年时间里,占据了我国网络零售 80% 左右的市场份额,成为国内首选的电子商务购物网站。目前,淘宝网已成为亚洲最大的网络零售商圈,并致力于成就全球首选的购物网站。

译文:

Dear leaders and guests, good afternoon everyone!

It is a great honor to speak here on behalf of Taobao. Since its establishment in May 2003, Taobao has been adhering to the principle of honesty and service first, starting from scratch, in just a few years, occupying about 80% of my country's online retail market share and becoming the first choice for electronics in China. Business shopping website. At present, Taobao has become the largest online retail circle in Asia, and is committed to becoming the world's preferred shopping site.

第五节　公司介绍与商务会展口译实践

一、公司介绍

公司简介是提供企业历史、当前状态和未来目标概览的报告。此类配置文件的数据信息内容长度一页至多页不等。虽然企业使用多种不同的格式来创建这些配置文件，但有几种类型的信息被认为是必不可少的。

几乎任何类型的公司简介报告都包含联系信息。联系信息可以是公司总部的实际地址和邮寄地址，也可能包括公司特定管理人员和高管的姓名和邮件地址，但很少有电话和传真号码的信息内容。近年来，公司认为电子邮件地址这类一般信息都是资料中不可缺少的内容。

除了联系信息，公司简介通常还包括一些历史业务背景，包括公司成立时间、创始人姓名以及公司早期业绩的数据等。通常，历史叙述一直延续至今。虽然不是详尽的历史，但通常足以让读者了解公司多年来的发展情况。

在公司简介中，至少要包括一些与企业当前状况相关的一般统计数据。可以是公司当前拥有的工厂、办公室或其他业务的数量等信息。通常，有一些被提到的数字会被四舍五入，例如最近公司的年收入。

公司简介还可以包括有关企业未来计划的数据。简介可以讨论未来扩张的计划，包括预计在不久的将来提供的地点、新产品或服务，或者计划重组运营，作为确保业务持续成功的一部分战略内容。但是，公司简介不太可能包含未经股东和公司其他领导讨论和批准的任何计划的信息。在公司简介中找到的所有数据都被视为属于公共领域，任何人都可以免费使用。

大多数公司每年至少更新一次公司简介资料。这一点很重要，因为管理人员可以退休或选择离开公司，或者营业地点在几个月的时间内开放和关闭。通过更新数据，方便正在考虑购买公司发行的股票或可能考虑在该企业工作的人员使用这些文件。

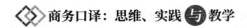

（一）常用词汇

下面介绍一些在公司介绍中经常使用到的词汇，如表4-17所示。

表4-17　词汇拓展

特许经营店	franchise	经营范围	business scope
消费品	consumer goods	独家销售	exclusive distribution
持续的收入	residual income	促销	promotion
成分	ingredient	电话营销	telemarketing
利润	profit	网络营销	online marketing
杂货店	grocery store	整合营销	integrated marketing
快速致富	get-rich-quick	服务条款	terms of service
策划、图谋	scheme	分销渠道	distribution channel
夸张宣传	hype	关联营销	affiliate marketing
信息社会世界峰会	World Summit on Information Society（WSIS）	广告屏蔽	ad-blocking
固定	fixed line	横幅广告	banner ad
普及率	popularization rate	品牌延伸	brand leveraging
数字鸿沟	digital divide	商标淡化	trademark dilution
独联体	Commonwealth of Independent States	小额支付	small payment

（二）经典句型

下面介绍在公司介绍的场景中使用到的一些经典句型，如表4-18所示。

表4-18　经典句型

秉持……的企业宗旨	Hold the tenet of.../work under the principle of...
本公司主要从事……业务	The company is mainly engaged in...business

续表

公司总部位于……，占地面积约为……	The company's headquarters is located in..., covering an area of about...
公司的主要业务范围已经拓展到……国家和地区	The company's main business scope has expanded to...countries and regions
公司在……于……注册上市	The company is registered in...
本公司真诚欢迎来自国内外的朋友与我们洽谈和合作。	The company sincerely welcomes friends from home and abroad to negotiate and cooperate with us.

（三）口译实践

根据上面的词汇，下面将给出相关的口译内容，并从实践中感受口译活动。

原文：

李：您好，史密斯先生，欢迎来到我们公司。

Smith：Hello, Mr. Li. Nice to see you again. I am very excited to be able to visit your company and seek the possibility of cooperating with your company.

李：那么你们要逗留多长时间呢？

Smith：Around seven days. If necessary, we can also stay for a while, because we want to talk with you and also want to visit your factory.

李：好的，不过这得提前通知工厂了。我先介绍介绍公司吧？

Smith：Great idea.

李：我们从事纺织品经营已有 30 多年，并与本纺织品大厂家及分销商保持密切的联系。

Smith：How do you ensure quality control?

李：公司引进了日本自动化生产线的全套设备和先进技术，产品技术达到国际标准。在发货前都会对产品做全面严格的质检，这就是我们的不合格率这么低的原因。

Smith：That's fantastic. Do you have branches abroad?

李：我们的目标主要是本地市场，但是我们也研究进入美国市场的可能性。所以，我们衷心希望能与贵公司合作。

Smith：We also view this cooperation with you as a good chance.

李：如果可以的话，我们将安排您今天下午参观我们的工厂。您看这样的安排可以吗？

Smith：That's great！

译文：

Li：Hello, Mr. Smith, welcome to our company.

史密斯：您好，李先生。很高兴再次见到您。能够访问贵公司并寻求与贵公司合作的可能性，这让我很激动。

Li：So how long will you stay?

史密斯：七天左右。如果有必要，我们也可以多待一段时间，因为我们想和您谈谈，也想参观一下您的工厂。

Li：Okay, but the factory has to be notified in advance. Shall I introduce the company first?

史密斯：好主意。

Li：We have been engaged in and operating for more than 30 years, and continue to deal with the contact with the major textile manufacturers and carriers.

史密斯：你们是如何对自己的产品质量进行控制的？

Li：The company has introduced advanced equipment technology from Japan's automated production line, and its product technology has reached international standards. Strict quality inspections are performed on the products before going out, which is why our failure rate is so low.

史密斯：这太棒了。你们有国外市场吗？

Li：Our target is mainly the local market, but we also study the possibility of entering the US market. Therefore, we sincerely hope to cooperate with your company.

史密斯：我们也觉得和您合作是一个很好的机会。

Li：If possible, we will arrange for you to visit our factory this afternoon. What do you think of this arrangement?

史密斯：这个安排很好！

二、商务会展

会展活动所包含的形式有许多种,例如展览会、交易会以及博览会等。通常生产商、批发商以及分销商都会出现在会展中,针对某些产品进行交流并开展贸易活动。会展从另一个角度来看可以当作信息市场。企业利用不同的方式推销自己的产品,包括产品的品牌以及产品的形象等。顾客可以和企业直接在会展上针对某一项产品进行沟通,也能及时得到对方的反馈。企业还可以在会展上收集到关于竞争对手的信息以及不同顾客对象的信息内容,从而把握产品当前的最新动向以及本行业在市场上的发展趋势,从而做出相对应的有效决策。

（一）会展的分类

关于会展,一共有三种分类的方式:第一种分类是依据会展的性质,可将会展分为贸易性展会和消费性展会。前者举办展会所面对的对象是不同的产业与行业,举办展会的目的是交流行业信息或产业信息,并开展洽谈贸易;后者举办展会所面对的对象是公众,举办展会的目的是销售产品,展会中各个商家通常都会将产品展示出来。第二种分类是依据会展的内容,可将会展分为综合性展会和专业性展会两种。前者举办展会所面对的对象是来自不同行业的参展商,例如轻工业展,综合型展会也因此被称作横向型展览会。后者举办展会所面对的对象是某一类行业,或者是某一类产品,例如钟表展。这种展会最明显的特征就是利用各种会议形式介绍新产品或新技术等。第三种分类是依据会展的规模。按照规模从大到小的顺序,可将会展依次分为国际会展、国家会展、地区会展、地方展以及某个公司举办的独家展。不同类型的会展,其具备的特色与优势也是不同的。

（二）会展口译的注意事项

由于参加会展的人员来自世界各地,译员常会听到南腔北调的英语,因此,译员在平时的训练中应提高对不同口音的适应能力。会展中人员流动性较大,环境比较嘈杂,因此,译员还应在平时训练中提高在嘈杂环境中排除干扰并完成口译的能力。⑨当译员听不懂某位客商的

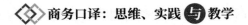

表达时，可请求对方放慢语速或重复一遍。在遇到突发事件时，译员要沉着应对，必要时请会展工作人员帮忙。译员在会展口译任务结束后，应对本次工作各方面进行总结，尤其是词汇方面，为更好地完成下次任务做准备。

（三）常用词汇

下面介绍在商务会展的场景中会使用到的一些经典句型，如表4-19所示。

表4-19　词汇拓展

展台	booth	引人注目的	appealing to eyes
小册子	brochure	眼花缭乱的展品	dazzling display
商品目录	catalog	陈列架	display shelf
示范,展示	demonstration	参观指南	exhibit directory
展览品	exhibit	展台搭建、布展期	move-in
参展商	exhibitor	撤展期	move-out
主办方	sponsor	价目表	price list
销售资料	sales literature	贸易展会,交易会	trade show/fair

（四）经典句型

下面介绍在商务会展的场景中会使用到的一些经典句型，如表4-20所示。

表4-20　经典句型

我们生产各式各样的产品,包括……	We produce a wide range of products, including...
参加展销会的公司一共有……家,大多是在销售……产品	There are totally...companies participating in the fair, and most of them are selling...products
我想知道您能否提供贵公司展示的这款产品的相关信息。	I want to know if you can provide information about this product displayed by your company.
我们的产品在国际市场上卖得很好,尤其是……,都是十分受欢迎的产品。	Our products sell very well in the international market, especially..., which are very popular products.

续表

义博会自 1995 年创办以来，每年十月都举办一次。	Since its establishment in 1995, the Yiwu Fair has been held every October.

（五）口译实践

原文：

Smith：Hello, Mr. Li.

李：史密斯先生您好，很高兴又见到您了。

Smith：I am very interested in your products, could you please introduce them to me?

李：当然可以，我们的产品在市场上的口碑还是很好的，不知道您是对我们的哪些产品感兴趣呢？

Smith：I think product No. 338 is more attractive.

李：这是我们最新设计的一种风格。在款式上，和以往的产品比起来可以说是有一个明显地提升。从各个市场的反馈来看，这种风格是明智买家的首选！

Smith：Mr. Li, you should know that the quality of all products should be more important than its price.

李：是的！与旧款相比，这款在很多方面都有所提升！我们在改进的同时，不仅注重提高产品的质量，更注重降低产品的成本。看完我们的样品和价目表，相信您会满意的！

Smith：So, can't you lower the price of the product? If you can bring the price down to the previous price, we can really place a big order.

李：史密斯先生，十分抱歉！这已经是我们的最低价格了。上次跟你们定价的时候，也同你们解释过，当时的价格只是为了试单，只是为了帮你们开店。那只是一个特例。所以如果您不能接受的话，我们也没有再好的办法了，这单生意只能落空。

Smith：Well, then, we accept this price.

译文：

史密斯：李先生，您好。

Li：Hello! Mr. Smith, nice to meet you again.

史密斯：我对您的产品很感兴趣，您可以帮我介绍一下它们吗？

Li：Well! Our products have a good reputation in the market. Which of our products are you interested in?

史密斯：我觉得第338号产品比较吸引人。

Li：This is a style we recently designed. Compared with the past products, it can be said to be an improvement in style. Judging from the feedback from various markets, this style is the first choice for wise buyers!

史密斯：李先生您应该知道的，一件产品的质量应该比它的价格更重要。

Li：Yes, it is! Compared with the old style, this style has improved in many ways!When we are improving, we not only pay attention to improving the quality of the product, but also pay attention to reducing the cost of the product. After reading our samples and price list, I believe you will be satisfied!

史密斯：所以，您真的没有办法把产品的价格再放低一些吗？如果您能把价格降到以前的价格，我们可以下一份大订单。

Li：Mr. Smith, I am so sorry! This is already our lowest price. When I set a price with you last time, I also explained to you that the price at that time was just for trial orders, just to help you start our business. That is a special case. So if you think it is unacceptable, we have nothing to do, the business can only fall through.

史密斯：好吧，我接受这个价格。

本章注释：

① 翁凤翔. 国际商务英语口语口译 [M]. 上海：上海交通大学出版社, 2015：121.

② 龙晓明. 论汉语成语的口译策略 [J]. 时代文学(下半月), 2010, (10)：192-193.

③ 高立. 口译中成语的汉译英 [J]. 西部大开发：中旬刊, 2010, (3)：152.

④ 赵薇. 浅析商务谈判口译技巧 [J]. 校园英语, 2012, (10)：128-129.

⑤　郭琳.宴会口译略论 [J].牡丹江师范学院学报（哲学社会科学版）,2010,（4）：68-69.

⑥　杨柳.浅谈商务口译的特点 [J].当代旅游（高尔夫旅行）,2018,（7）：252.

⑦　王皓.商务现场口译 [M].杭州：浙江大学出版社,2016：29.

⑧　王少兴.会议口译中技巧的应用 [J].北方文学,2016,（12）：147-148.

⑨　杜戍涓.关于会展口译特点的译员策略探析 [J].校园英语,2017,（4）：232.

第五章　商务口译多领域实践解析（二）

第一节　金融服务与基础建设口译实践

一、金融服务

金融所包含的经济活动有许多种，这些经济活动主要指的是同信用货币相关的内容，例如货币的发行、货币的结算以及金银的买卖等。

现代金融服务行业主要包括银行、保险、证券、期货、基金外汇、黄金、信托、典当等行业。金融业主要包括银行业、保险业、信托业、证券业、基金业和金融租赁业等多个领域。金融英语具有日常英语的特点，同时具有独特的专业特点。金融英语的一些显著特点包括专业术语、专有名词和首字母缩略词的使用等。①

译员在面对专业性比较强的口译任务时，需要掌握与其相关的知识内容，而金融口译就是其中的一种，因此，译员需要掌握有关金融、证券以及会计等知识内容。

译员平时要进行系统专业的学习，通过阅读大量专业类文章尤其是精读源文本，扩展金融证券专业领域知识面，了解金融背景知识和运行规律，提升自身关于金融类翻译的专业素养和对金融行业的理解程度；通过对大量专业文章的视译和笔译练习，把握其语言风格，历练自身的专业口译水平和语言组织、运用能力；除此之外，还要充分利用网络资源，经常查阅金融专业网站，时常关注金融时事新闻，以此来充实自己的金融基础知识。做好充分的译前准备，了解业务背景知识，做好会议专业术语表，这样可以降低口译难度，进而提高口译质量；在每一次译后进行专业术语打包，进一步丰富自己的口译专业词汇。

（一）常用词汇

下面介绍一些在金融服务中经常使用到的词汇，如表5-1所示。

表5-1　词汇拓展

托收，代收款项	collection	风险投资	venture capital
收购	acquisition	天使投资人	angel investor
组合证券投资	portfolio investment	资信状况	credit standing
对冲基金	hedge fund	偿债基金	sinking fund
现货	actuals	美式期权，现货期权	American option
道·琼斯股票指数	Dow Jones Index	欧洲期货交易所	Eurex
伦敦证券交易所	London Stock Exchange	标准普尔	Standard & Poor's
普通基金账户	Funds General Account	特别提款权	SDR: special drawing rights
定期贷款/全损	TL: time/ total loss	首席财务官	CFO: Chief Financial Officer
伦敦金融时报100指数，也称"富时100指数"	FTSE 100 Index		

（二）经典句型

下面介绍一些在金融服务中经常使用到的经典句型，如表5-2所示。

表5-2　经典句型

建立全方位、宽领域、多层次的伙伴关系	Establish an all-round, wide-ranging and multi-level partnership.
潜在的风险仍在积累	It will allow vulnerabilities to continue building.

（三）口译实践

根据上面的词汇，下面将给出相关的口译内容，并从实践中感受口译活动。

原文：

1. 次贷危机很大程度上是金融创新与金融监管不适应造成的，复杂的金融衍生品掩盖了实体经济风险，虚拟经济规模膨胀严重脱离实体经济发展。

2. 欧债危机主要源于欧元区国家发展不平衡，部分国家实体经济停滞不前，为维持高福利过度举债，最终面临债务违约风险。

3. 如今，经历了全球金融危机的考验，大多数的发达国家都在重新拥抱实体经济，"再工业化"和"回归实体"的战略被摆在经济复苏和结构调整的首位。

4. 中欧建交以来，双方贸易额增长了 230 多倍，如今日均贸易额高达 15 亿美元。

5. 中欧经济占世界经济总量的三分之一。 欧盟是中国第一大贸易伙伴，中国是欧盟第二大贸易伙伴。它们互相依赖。

译文：

1. The sub-prime crisis, to a large extent, was caused by a disconnect between financial innovation and regulation, allowing complex derivatives to obscure risks in the real sector, eventually a dangerously over-inflated financial sector derailed the broader economy.

2. The European debt crisis arose from uneven development among the Euro-zone countries. Certain members, hampered by stagnation, took on excessive debt in order to maintain a welfare state, eventually placing them at risk of default.

3. Now, having undergone the trials of global financial crisis, the most developed economies are re-embracing the real sector and strategies aimed at "re-industrialization" and "return to the real" have topped the agenda of economic recovery and restructuring.

4. Since China and the EU have established diplomatic relations,

the amount of bilateral trade increased by 230 times, now the average daily trade volume has reached up to US $1.5 billion.

5. China-EU economy accounts for one-third of the world's total economic output. The EU is China's largest trading partner, while China is the EU's second largest trading partner. They rely on each other.

二、基础建设

（一）常用词汇

下面介绍一些在基础建设中经常使用到的词汇，如表5-3所示。

表5-3 词汇拓展

泊位,锚地	berth	绞车	haulier
英吉利(海峡)海底隧道	the Channel Tunnel	货车	lorry
联合运输	combined transport	磁悬浮列车	maglev
通勤	commute	电动车	motocar
充满,拥塞	congest	航道	navigation channel
(强制)征用	conscription	光纤通信	optical fiber communication
建筑面积	construction area	人行地道	pedestrian tunnel
集装箱码头	container terminal	充分利用	optimize
深水港	deepwater port	改造,修复,翻新	rehabilitate
柴油	diesel oil	拆迁	relocation
双轨	double track	水库,仓库	reservoir
排水系统,下水道	drainage	环线,环路	ring road
挖掘机,挖掘	dredge	机场跑道	runway
河口,港湾	estuary	支架,建筑架	scaffold
占地面积	floor space/area	收费口	tollgate

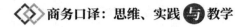

续表

立交桥,高架公路	flyover	高架桥,高架道路	viaduct
运载能力	handling capacity	码头,停泊处	wharf

（二）经典句型

下面介绍一些在基础建设中经常使用到的经典句型,如表5-4所示。

表5-4　经典句型

明确权利和义务	define the rights and obligations
已有130多年的历史	has witnessed a history of 130 years
激发或掀起城市建设的热潮	fuel an urban construction boom
城市轨道交通、地下综合管道廊建设加快	speeding up the construction of urban rail transit and underground comprehensive pipeline corridors
深化在基础建设投资领域政府和社会资本合作,完善相关价格、税费等优惠政策	deepen the cooperation between government and social capital in the field of infrastructure investment, and improve relevant preferential policies such as prices, taxes and fees

（三）口译实践

根据上面的词汇,下面将给出相关的口译内容,并从实践中感受口译活动。

原文: Europe is the continent with the highest population density with large industrial and consumption centers, which depend on some large seaports for their supplies. Each year, the ports of north-west Europe handle some 900 million tons of goods, which are either stored and treated at the site or which reach their final destination through other means of transport-by road, by rail, by inland waterways.

译文:欧洲是人口密度最高的大陆,拥有大型工业和消费中心,其供应依赖于一些大型海港。每年,欧洲西北部的港口处理大约9亿吨货物,这些货物要么在现场储存和处理,要么通过其他运输方式,如公路、铁路和内陆水道到达最终目的地。

第二节　发展问题与对外贸易口译实践

一、发展问题

（一）常用词汇

下面将介绍一些在发展问题中经常会使用到的词汇，如表 5-5 所示。

表 5-5　词汇拓展

造林,造林地区	afforestation	高效农业	high-efficiency agriculture
沿海地区	coastal region	农业结构调整	agriculture restructuring
减负	alleviate the burden	以市场为导向的	market-oriented
可耕地	arable land	医疗保险	medical insurance
缩小差距	bridge the gap	社会保障体系	social security system
共同繁荣	common prosperity	落后的设施	outdated facilities
小康社会	well-off society	贫困线	poverty line
必然结果,推论	corollary	生产力	productive force
挫折；倒退；失败	setback	购买力	purchasing power
生态环境	ecological environment	废物回收利用	reclamation
平等互利	equality and mutual benefit	资源转让	transfer of resources
人口过度增长	excessive population growth	欠发达地区	disadvantaged（less developed）region
可持续发展目标	Sustainable Development Goals（SDGs）	技术和人力资源	technical and human resources
社会主义市场经济	socialist market economy	宏观经济调控	macroeconomic regulation and control

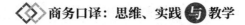

（二）经典句型

下面介绍一些在发展问题中经常使用到的经典句型，如表5-6所示。

表5-6　经典句型

坚持相互尊重、平等互利的原则	adhere to the principles of mutual respect, equality and mutual benefit
进行了卓有成效的交流与合作	conduct fruitful exchanges and cooperation
进行社会保障制度的改革	to proceed with the social security reform
城区之间和乡村之间不平衡，有各种不同的所有制形式	With an imbalance between regions, urban and rural areas, as well as different forms of ownership.
通过学习其他国家的经验和教训	by learning the experiences and lessons of other countries
农村税费改革是减轻农民负担的治本之策	The reform of rural taxes and fees is a permanent solution to reduce the burden on farmers.
旧的劳动和社会保障体系已不能适应经济和社会发展的要求	The old labor and social security system can no longer meet the requirements of economic and social development.
保护自然资源和维护健康对每个社会的发展和繁荣都至关重要	Protecting natural resources and maintaining health are vital to the development and prosperity of every society.

（三）口译实践

根据上面的词汇，下面将给出相关的口译内容，并从实践中感受口译活动。

原文：Within the overall sustainable development agenda, the G20's comparative advantage lies in its convening power and its collective ability to adopt and support initiatives at the highest global level, including those that involve macroeconomic framework, and to create the global enabling environment.

译文：在总体可持续发展议程中，G20 的比较优势在于其召集力以及在全球最高层面采取和支持举措，包括涉及宏观经济框架的举措以及创造全球有利环境的集体能力。

二、对外贸易

对外贸易（Foreign Trade）也可以被称为"进出口贸易"，简称外贸，通常是指两个国家或者地区之间的劳务、商品和技术的交换活动。通常情况下，我们把对外贸易分为进口（Import）和出口（Export），进口即对运进商品或劳务的国家或者地区而言，出口即对运出商品或劳务的国家或者地区而言。一般来说，对外贸易的方式包括对等贸易、展卖、加工贸易、补偿贸易和技术贸易。通过对外贸易，不仅能够促进各国经济的发展、充分利用各国的资源，同时能加快社会的再生产能力。

（一）常用词汇

下面介绍一些在对外贸易中经常使用到的词汇，如表5-7所示。

表5-7　词汇拓展

东盟博览会	ASEAN Expo	中国国际投资贸易洽谈会	China International Fair for Investment & Trade
展位	booth	双赢	win-win
广交会	Canton Fair	上升空间	upside potential
友好邻邦	friendly neighbor	双边贸易	bilateral trade
主权财富基金	sovereign wealth funds	21世纪海上丝绸之路	21st Century Maritime Silk Road

（二）经典句型

下面介绍一些在对外贸易的场景中经常使用到的经典句型，如表5-8所示。

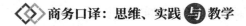

表 5-8　经典句型

规模最大、商品种类最全、参展企业最多、成交效果最好	the largest scale, the most comprehensive product categories, the most exhibitors, and the best transaction results
是和平交往、经贸交流、文化交融之路。	Maritime Silk Road is a route, which opened up peaceful exchanges, economic and trade exchanges and cultural integration.
比 40 年前增长了 250 多倍	250 times that of 40 years ago
与去年同期相比	over the same period last year
中国也是欧盟第二大贸易伙伴，也是欧盟第二大出口市场。	China is EU's second largest trading partner and export market.

（三）口译实践

根据上面的词汇，下面将给出相关的口译内容，并从实践中感受口译活动。

原文：

1. 今年是泰中建立外交关系 40 周年，因此参加第 12 届中国—东盟博览会的泰国代表团非常庞大，共有 120 家泰国公司和 7 个泰国机构，共设有 146 个展位。

2. 第 106 届广交会定于今年 10 月 15 日至 11 月 4 日在广州举行，将成为中国规模最大、产品种类最齐全、参展企业最多、成交效果最好的国际性交易会。

3. 中国与东盟国家是陆海相连的友好邻邦，互为天然的合作伙伴。早在 2000 多年前，我们的祖先就远涉重洋，乘风破浪，开辟和平交往、经贸交流、文化交融的海上丝绸之路。

4. 欧洲为中国现代化建设提供了许多先进技术，中欧经贸合作已成为欧洲乃至全球稳定增长的重要依托。去年，中欧贸易额突破 6000 亿美元，比 40 年前增长了 250 多倍。

译文：

1.This year marks the 40th anniversary of the establishment of diplomatic relations between Thailand and China. Therefore, the Thai delegation participating in the 12th China-ASEAN Expo is huge. There are 120 Thai companies and 7 Thai institutions with a total of 146 booths.

2.The 106th Canton Fair, scheduled to be held in Guangzhou from October 15th to November 4th this year, will become the largest international trade fair in China with the largest scale, the most comprehensive product categories, the most exhibitors, and the best transaction results.

3.China and ASEAN countries are friendly neighbors connected by land and sea, and they are each other's natural cooperative partners. As early as more than 2,000 years ago, our ancestors traveled across oceans, braved the wind and waves, and opened up the Maritime Silk Road of peaceful exchanges, economic and trade exchanges, and cultural integration.

4.Europe has provided many advanced technologies for China's modernization drive, and China-EU economic and trade cooperation has become an important support for stable growth in Europe and the world. Last year, China-EU trade exceeded US $600 billion, an increase of more than 250 times over 40 years ago.

第三节　环境保护与教育文化口译实践

一、环境保护

随着经济的快速发展,环境保护的压力越来越大。

环境问题不仅与人们的日常生活相关联,同经济发展以及商务投资等活动也同样有着密切的联系,因此,关注环境问题的人变得越来越多。怎样才能保证在发展的同时减少破坏环境的行为,以一个什么样的办法来平衡发展与改善环境,成为现代社会的重要问题。

传统的观点认为经济发展与环境保护的关系是相互制约的:发展经济必然要对自然资源进行开发利用,从而逐步破坏自然界的和谐与平衡,最终损害到人类本身。人类经济发展的历史似乎也证实了这一观点：空气污染、温室效应、水土流失、灾害性天气日益频繁等似乎都向人们敲响了警钟。

但是，人类经济不可能停滞下来不发展，许多经济学家认为两者可以相互协调，相互促进。

当社会的经济发展水平得到提升后，人们对于环境资源的利用效率也会大大提升，这时在改善环境上，人们也可以投入更多的力量。为推动经济增长，有一些资源是来自环境的，而其中的一部分资源在经济得到增长后，会重新发展成为环境资源，并对消耗掉的资源进行补偿，从而促进环境资源与经济发展之间的良性循环。举个例子来说明，为改善生态系统，最有效的办法就是植树造林，人们在投入资金用于植树造林后，其生长出来的树木又能成为社会需要的木材资源，这个过程就形成了资源与经济之间的良性循环。但需要注意的是，如果出现了经济没有发展或经济发展水平较低的情况，就会导致过度开发环境资源的现象，最终形成的是恶性循环。

两者的关系往往取决于它们之间的适度取舍，离不开具体时间、具体地区的经济发展状态和环境资源的实际情况。

因此，经济发展与环境保护的关系是相互促进还是相互矛盾，经常被不同的人在不同的场合用来论证对自己有利的观点。也就是说，作为口译员，不但要对环境保护的基本词汇、基本情况有了解，同时要通晓关于经济发展与环境保护的两种不同的观点，这样才能在具体的口译任务中根据实际情况进行恰当的表达。

（一）环境保护口译的要点

第一，环境保护与经济发展是近些年的热点问题，相关的术语多且复杂，如各种污染源、污染方式、污染主体等，必须在口译之前做好充分的准备。第二，经济发展和环境保护在以往针锋相对，在口译过程中要注意讲话人的立场观点，在选词以及措辞上都尽可能准确地表达原意，要避免误译或因翻译造成的歧义。

（二）常用词汇

下面介绍一些在环境保护中经常使用到的词汇，如表5-9所示。

表 5-9　词汇拓展

地球日	Earth Day	酸雨	acid rain
世界环境日	World Environment Day	环境监测	environmental monitoring
城市化	urbanization	空气质量	air quality
环境保护者	environmentalist	可持续发展	sustainable development
生态学家	ecologist	恶性循环	vicious circle
核辐射	nuclear radiation	良性循环	virtuous circle
空气污染指数	Air Pollution Index（API）	水土流失	water loss and soil erosion
森林覆盖率	forest coverage	生态平衡	ecological balance
工业粉尘	industrial dust	臭氧层破坏	depletion of the ozone layer
自然保护区	nature reserve	尾气排放	tail gas discharge
主要污染源	major source of pollution	化工厂	chemical factory
生态恶化	deterioration of the ecosystem	防风林	windbreak forest
环保型经济	environmentally friendly economy	防护林	shelter belts
达标	to meet the required standards		

（三）经典句型

下面介绍一些在环境保护的场景中经常使用到的经典句型，如表 5-10 所示。

表 5-10　经典句型

许多企业正在寻求不同的方法去改进它们当前的产品或开发有益环保的产品。	Many companies are now looking for ways to improves their existing products or to develop new environmentally friendly products.
地球气候系统的迅速崩溃威胁着我们文明的基石。	The rapid disintegration of the planet's climate system that threatens to challenge the very foundations of our civilization.
积少成多	many a little makes a mickle

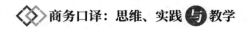

续表

半数近海水体水质为三类甚至更差。	The quality of half of the offshore body of water was rated third class or worse.
退耕还林还草、封山绿化	returning farmland to forest and pastures, closing off hillsides to facilitate forestation
植树造林,功在当代,利在千秋。	Forestation accomplished now will benefit our future generations.
我们绝不能走"先污染后治理"的老路。	We should not step onto the same road of exerting control after the environment has been polluted.
谁污染、谁治理。	Pollutors Pay.

（四）口译实践

根据上面的词汇,下面将给出相关的口译内容,并从实践中感受口译活动。

原文:

1. 中国在发展经济的同时,将处理好与人口、资源和环境的关系。

2. 中国政府非常重视因人口增长和经济发展而出现的环境问题。

3. 中国依靠加强监督管理和技术进步促进环境保护。

4. 尽管中国需要将污染严重的工厂尽早关闭,但考虑到地方的就业机会与经济增长等问题,地方政府一直都没有反响。

译文:

1. While developing its economy, China will handle properly its relationship with the population, natural resources and the environment.

2. The Chinese government pays great attention to environmental problems arising from China's population growth and economic development.

3. China relies on improving supervision, management and technological progress to promote environmental protection.

4. Although China has long needed to crack down on badly polluting factories, local governments have often resisted because they bring jobs and economic growth.

二、教育文化

（一）常用词汇

下面介绍一些在教育文化的场景中经常使用的词汇，如表 5-11 所示。

表 5-11　词汇拓展

成人教育	adult education	新生，大学一年级学生	freshman
附属学校	affiliated school	学分制	credit system
提前	ahead of schedule	课程	curriculum
母校	alma mater	走读生	day student
副教授	associate professor	（大学）学院院长	dean
旁听生；审计员	auditor	文凭，毕业证书	diploma
寄宿学校	boarding school	（学位）论文	dissertation
偏执；顽固；盲从	bigotry	远程教育	distance learning
综合性大学	comprehensive university	音乐学院	conservatory of music
函授学校	correspondence school	全日制学生	full-time student
退学学生，中途退学、辍学学生	dropout	应试教育	examination-oriented education
必修课	compulsory/required course	填鸭式教学	spoon-feeding teaching/cramming

（二）经典句型

下面介绍一些在教育文化的场景中经常使用的词汇，如表 5-12 所示。

表 5-12　经典句型

没有足够的名额	there are not enough places for
有资格进入大学学习	gain admission
实行九年制义务教育	implement nine-year compulsory education

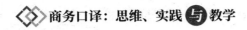

续表

百花齐放、百家争鸣	let a hundred flowers blossom, let a hundred schools of thought contend
通过补考	pass the make-up examination
中国的四大发明包括造纸术、火药、印刷术和指南针。	China's four great inventions include papermaking technology, gunpowder, printing and the compass.
有些学生是走读生，大部分的学生是住宿生。	Some students are in day school, most of them are in dormitory.

（三）口译实践

根据上面的词汇，下面将给出相关的口译内容，并从实践中感受口译活动。

原文：

1. 中国的高等院校可以分综合性大学、理工科大学和一些专业院校。

2. 多年来，高等学校、科研单位和生产企业相结合，共同开发新技术，取得了许多科研成果。

3. 高等院校的国际学术交流十分活跃，与许多国家和地区的大学建立了校际关系。

4. 211 工程的目的在于培养一种精神，使得我国的教育制度必须面向 21 世纪。

5. 为了鼓励学生刻苦学习，学校采用奖学金制度，奖学金分不同等级，总覆盖率为 70%。

译文：

1. China's higher education institutions can be divided into comprehensive universities, universities of science and engineering and some specialized universities.

2. Over the years, colleges and universities, scientific research units and manufacturing enterprises have combined to develop new technologies and have achieved many scientific research results.

3. The international academic exchanges of higher education institutions are very active, and inter-school relations have been established with universities in many countries and regions.

4. The purpose of the 211 project is to cultivate a spirit that makes our country's education system face the 21st century.

5. In order to encourage students to study hard, the school also adopts a scholarship system, which is divided into different levels, with a total coverage of 70%.

第四节　经济与贸易口译实践

译员在进行商贸口译的过程中,使用最多的口译方法是将完全对译与部分对译结合起来。在翻译的过程中译员还需要对自己翻译的内容进行适当的加工,对句子内容进行适当的删减、补充或者渲染等,从而出色地完成口译任务。

一、常用词汇

下面介绍一些在经济贸易的场景中经常使用的词汇,如表5-13所示。

表5-13　词汇拓展

供货商	supplier	超快的,超速的	ultrafast
做交易	transact	用户体验	user experience
报价(表)	quotation	合资企业	joint venture
保修期	warranty	外资企业	foreign-funded enterprise
产品目录	catalogue	外商独资企业	exclusively foreign-owned enterprise
芯片	chip	注册资金	registered capital
国家工商管理局	SAIC: State Administration for Industry and Commerce of the People's Republic of China		

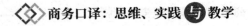

二、经典句型

下面介绍一些在经济贸易的场景中经常使用的词汇,如表5-14所示。

表5-14　经典句型

收到信用证后30天内装运	shipments within 30 days after receipt of L/C
中国支持外商投资和商务合作。	China takes a positive stand with regard to introducing foreign investment and business cooperation.
中国将尽力改善投资条件来吸引更多的外国公司。	China will try its best to improve investment conditions in order to attract more foreign firms.
我们对高科技和技术转让有兴趣。	We are interested in advanced technology and the transfer of technology.
政府将采取什么相关措施?	What relevant measures will the government take?

三、口译实践

根据上面的词汇,下面将给出相关的口译内容,并从实践中感受口译活动。

原文:亚太经济合作组织,或APEC,拥有21个代表亚太地区的成员国。亚太经济合作组织给亚洲带来地区主义的理念。由于亚太经济合作组织的贸易额占世界贸易的47%,它被看作非常重要的地区组织。20世纪70年代到80年代,亚太地区的经济发展十分迅速。这段时间,亚洲四小虎发展起来,一些国家也从比较不发达的经济状况发展成工业化国家。随着相互间经济依赖的增长,1989年这个组织成立了。今天,该组织的目标是共同加强成员国和非成员国之间的联系以及增强地区的经济增长。特别是关于贸易,亚太经济合作组织希望在2010年使工业化成员国达成自由贸易,2020年使不发达经济体实现自由贸易的目标。

译文:The Asia-Pacific Economic Cooperation, or APEC, has 21 member states representing the Asia-Pacific region. The Asia-Pacific Economic

Cooperation has brought the concept of regionalism to Asia. Since the Asia-Pacific Economic Cooperation's trade volume accounts for 47% of world trade, it is regarded as a very important regional organization. From the 1970s to the 1980s, the economic development of the Asia-Pacific region was very rapid. During this period of time, the four Asian tigers developed, and some countries developed from relatively underdeveloped economic conditions to industrialization. With the growth of mutual economic dependence, this organization was established in 1989. Today, the goal of the organization is to jointly strengthen the ties between member states and non-member states and enhance regional economic growth. Regarding trade in particular, the Asia-Pacific Economic Cooperation Organization hopes to enable industrialized member countries to achieve free trade in 2010, and to enable underdeveloped economies to achieve the goal of free trade in 2020.

本章注释：

① 韩琪，田甜主编．商务口译教程 [M]．武汉：武汉大学出版社，2017：265.

第六章 商务口译教学理论建构与实践探索

第一节 中西方口译教学研究介绍

与西方的口译教学研究相比,我国的口译教学研究起步较晚。西方的口译理论和口译教学实践联系紧密,西方很早就运用科学的研究方法,对口译教学展开实证研究。国内的相关研究经历了萌芽期、启动期和发展期三个阶段。虽然国内早期的口译教学研究多为对西方研究成果的介绍,但发展期的研究宽度和广度上已呈现超越西方同类研究的势头,相关研究成果不断为在本土环境下如何培养合格的口译人才提供重要依据和理论参考。

一、西方的口译教学研究

(一)西方口译发展的四个阶段

西方的口译理论至今已有七八十年的历史,其理论体系也已经发展得较为成熟,并形成了自己的特点,但在其发展的过程中也出现了许多问题。研究学者肖晓燕认为,西方研究口译活动的主要内容是会议口译,并且口译研究的重点更侧重于口译的种类,如果按照翻译的形式对其进行分类可分为交替口译、同声传译以及耳语式传译;如果按照口译的场合对其进行分类可分为会议口译(conference interpreting)、法庭口译(court interpreting)、商务口译(business interpreting)以及陪同口译(escort interpreting)等。最新出现的一种翻译类型是会议手语翻译。

在所有同口译相关的研究中,更加完整和成熟的研究内容是法庭口译和社区口译(community interpreting)。

肖晓燕根据吉尔的研究内容,将西方的口译发展分成了四个阶段:

第一个阶段是口译的初级研究阶段(Pre-research Period),主要发展于 20 世纪的五六十年代,该阶段研究的主要内容在于分析译员的口译活动,考察译员的口译环境和谈论译员的口译经验。针对相关的内容,艾赫贝尔(J. Herbert)①和罗赞(Rozan)发表过比较经典的两本手册,在罗赞所编写的手册中还特意讲明了在交替口译中记录笔记时所要遵循的原则以及记录的方法,并得到人们的认可。总的来说,人们在该阶段上做的更多的是总结口译经验,而并非是研究口译的理论内容。

第二个阶段是实验心理学研究阶段(Experimental Psychology Period),主要发展于 20 世纪六七十年代,该阶段的主要研究人员是心理学家以及心理语言学家,研究的主要内容是关于口译的认知问题,研究的主要依据是心理学以及心理语言学的理论框架,这些人在研究的过程中还做出了许多假设。口译研究在这个阶段因心理学家的出现朝着认知科学的方向展开,口译程序的研究以及口译思维的研究也是在这个时候出现,形成一条新的研究思路。

第三个阶段是从业人员研究阶段(Practitioners' Period),主要发展于 20 世纪七八十年代,该阶段的主要研究人员是口译的从业人员,其最具代表性的理论是法国巴黎的释意派理论,用法语表示为 théorie du sens,该理论所强调的是口译的意义,认为口译过程中的字词对译和语言结构对译都是围绕着口译的意义进行的。该学派还出版了十几本相关的理论著作,并且这些著作在口译领域的影响力持续至今。但翻译理论的研究依旧是单独的研究,没有同其他的学科领域相结合,因此,在一定意义上来讲,其研究的内容缺少科学性。

第四个阶段是口译研究蓬勃发展的阶段(Renewal Period),主要是从 20 世纪 80 年代后期开始的。口译活动开始蓬勃发展的转折点在一次口译会议上,这场会议于 1986 年在意大利的特里斯特大学举办,通过这次会议大家了解到口译研究的重要性,口译研究也是从这时开始步入跨学科研究阶段,也因此产生了学科性的特点。

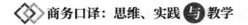

（二）西方口译的主要研究成果

1. 法国释意学派理论

法国释意派的创始人为塞莱斯科维奇（D. Seleskovitch），她认为该学派的理论就是一种关于口译的理论，人们甚至可以将这种理论称为交际与释意理论。在现实中对口译活动进行观察与分析就是该理论建立的基础，同时该理论和当时社会中所出现的各类语言学派的翻译理论最大的不同之处就在于理论研究的角度以及理论研究的出发点。多数学派的研究对象只是语言本身，而释义学派理论的研究对象则是在口译活动中所产生的传递现象。

塞莱斯科维奇认为，研究者应将翻译活动看成一种用于交际的行为，并非当作交际的结果。人们的交际行为主要是通过语言来实现的，因此，翻译活动在交际行为中处于首要的位置，同时，翻译的主要对象并不是语言，而是语言所要表达的信息内容以及其中蕴含的深层意义。

关于上述内容，有许多的著作都对其进行了科学的阐述，例如由塞莱斯科维奇编写的《语言、言语和记忆——交替传译中的笔记研究》和勒代雷（Marianne Lederer）所编写的《同声传译——经验和理论》，并且，大部分的著作所论述的角度都是交替口译和同声传译。

口译作为一种双语交际，和单语自然交际有着明显的不同，人们在进行单语自然交际时，在接收信息的同时能自动对信息的内容进行辨认，也就是说，语言知识和认知知识共同形成的过程是自动的，并且基本没有人会对这两种知识之间的深层关系进行研究。在双语交际中，译员在结合有声语链和认知知识的同时，需要对有声语链的内容进行研究，分析其意义并在头脑中进行记忆，再利用另一种语言将其意义流畅且准确地表达出来。译员之所以能在发言人结束讲话之后的较短的时间里将原话准确地翻译出来，就是因为译员将有声语链变成了意义。

当得到了较为完整的关于口译实践活动的研究和内容分析后，释意学派的研究者们将目标转向了心理学领域，开始试着同心理学家一起对口译活动展开研究和分析，其研究的起点就是人类的记忆能力，并力图从理论上证明，译员在理解了原文的含义之后一定会存在一个阶段让译员用于摆脱源语言的束缚。

在这项研究中，辅助研究人员最大的理论知识就是巴尔比赞的著作,例如《大脑编码问题,它在记忆机制中的作用》以及《记忆研究》等,但在巴尔比赞去世后,这项研究便没再继续。

在研究翻译理论的过程中,释意学派的研究内容为其开拓了不少的思路,例如翻译实际上是一种交际行为、翻译的实际对象是语言的意义等内容,并且人们在了解到这些理论知识之后,研究的内容不再局限于对翻译的静态研究,而开始注重研究翻译的动态过程。

之后的研究内容是和语言学专家一同进行的,翻译研究人员所提出的各项观点内容也逐渐得到了不同领域专家的重视,例如功能语言学专家、语言学专家等。他们所研究的内容从一开始的单词扩展到句子,再由句子扩展到段落和文章,研究所针对的背景也不再是语境,而是交际的环境。认知语言学在这一过程中也获得了重要的研究成果。

在对翻译的原则进行研究时,人们争论得最多的内容为"是否要忠实概念"。实际上,不光是"忠实"这一论点有较大的争论,在"自由"上的争论同样也比较多,并且,直到今天,人们依旧在对这两点争论不休。

阿尔比(Albée)是释意学派的一名研究人员,她在撰写自己的博士论文时,就将翻译中的"忠实"作为论文的主要内容,并在《翻译学研究》中发表了其中主要的观点内容。

如若强调翻译应忠实于意义,需要先对"意义"的定义进行研究,而阿尔比所论述的关于"意义"的定义来自释意派的理论观点,这种观点和语言学中所说的"含义"(signification)和内涵等内容有着相同的地方,也有着不同的地方。

所谓的意义单元,指的是多种不同的因素在相互作用下形成的一种综合,这些因素可以是风格、信息或者是内涵等其他的内容,根据此概念,意义也同样被认为是一种综合。

在翻译需要忠实于意义的观点中,阿尔比认为需要忠实的内容一共有三种:第一种为作者想要表达的内容,第二种为目的语,第三种为译文的读者。该观点作为忠实的一项原则,将译者的主体性、历史性以及译文的功能性都囊括在考虑范围之内。这主要是通过利用某一个概念将基本的问题归纳进去,从而得到关于"忠实"的概念理解,这种理解的思路和传统对"忠实"概念的理解是不同的。阿尔比的关于"忠实意义"的阐述在《当代法国翻译理论》②中得到了仔细的分析与中肯的评价。

巴黎高等翻译学校一直以来对教学和科研的结合都十分重视,并且从1976年开始,就不断培养出许多优秀的博士生,并且此学校的口译系和笔记系吸引了众多不同国家的学生，也包括来自中国的学生，其教授的语种就有十几个。许多国家政府或国家机构为培育出优秀的译员和翻译师资，将培育的任务交给了巴黎高等翻译学校继续教育培训部，也正是因为这个契机，学校的国际合作项目也在不断增加。

根据欧盟委员会的要求，塞莱斯科维奇和勒代雷一同编写了《口译推理学法》，并在1989年正式发表出来。通过该书，第一次在翻译教学的过程中应用释意学派的各种理论，尤其是对交替口译以及同声传译的相关内容进行了详细的论述。

在巴黎高等翻译学校，释意学派的理论内容不断得到发展，其研究的范围也在不断地拓展，研究的内容不再局限于口译活动，笔译活动也开始得到研究，从讲话翻译、文章翻译发展到科技翻译，从翻译文学作品发展到翻译电影字幕，从翻译理论研究到应用翻译研究等，同时还发表了许多在国际上具有较大反响的有一定价值的文章内容。

之后释意学派中的一部分研究人员开始尝试通过不同的理论研究，证明释意学派的理论内容是具有"普遍指导意义"的，而其他的研究人员则从跨学科的角度出发，利用多个领域的研究成果，例如认知心理学领域、应用语言学领域等，将释意学派的理论内容进行完善。其研究内容所包含的语种一共有20种左右，例如英语、日语、法语、西班牙语以及阿拉伯语等，汉语也在研究的范围之内。

在针对不同的语种开展翻译教学时，许多的教学研究成果以及翻译的理论内容都提供了依据，例如德利尔（J. Delise）的《篇章分析翻译方法》以及德让·勒菲阿尔（Déjean Le féal）的《笔译推理教学法》等。而在这些成果中，影响最为深远的还是勒代雷的《释意学派口笔译理论》，将翻译的教学理论同翻译理论相结合是该书的特点，在书中，勒代雷将语言教学和翻译教学区别、教学翻译和技能训练在原则上的区别等内容都进行了详细的论述，并对未来人工智能翻译的趋势做出了分析。2001年，该书出版了中文版，引起学界关注。

2. 吉尔的"认知负荷模式"

在中国的口译领域中，使用最多的就是吉尔教授所编写的英文著作。吉尔曾提出过一个假说，该假说主要内容为：在口译活动中存在一种口译操作模式，该模式的基础内容是认知科学，因为口译理论就存在其中。针对这一假设，冯之林教授做出了详细的分析。他认为，吉尔所提出的各种假说主要针对的内容有译员的注意力在口译过程中的竞争；译员在口译过程中对注意力的分配；译员注意力在口译过程中的饱和程度等。依据这些假说可以提出许多用于口译训练的策略内容，同时口译的能力也会随之得到提升。但是作为一种操作模式，它还是不能对译员在口译过程中所产生的心理过程进行解释。

吉尔除了是教授也是一名优秀的译员，他在对口译活动进行研究的同时也在进行着口译的培训工作，而捷威（Gerver）在 20 世纪 70 年代中期所提出的"信息处理模式"以及司徒罗宾（Setton）在 20 世纪 90 年代末期所提出的同声传译理论都是他十分关注的内容。

在 20 世纪 80 年代，关于译员在口译过程中产生的"错译"现象和"漏译"现象，研究者都进行了分析，分析的结果是认为产生这种现象的原因在于译员的"注意力"（effort）存在问题。但是吉尔认为，人们不能将产生这种现象的原因完全归结于译员本身，其真正的原因有许多，同时，"认知负荷模式"假说也是为了研究这一现象而被提出的。

吉尔在该模式中提出，译员在进行口译活动时，其需要的注意力的总量不能大于译员的大脑本身能够提供的注意力的总量，因为译员的大脑提供的注意力的总量并不是无限的。当这个需要注意的总量超过了提供的总量，译员口译的质量就会下降。

《口笔译训练的基本概念与模式》（*Basic Concepts and Models for Interpreter and Translator Training*）是吉尔在 1995 年出版的著作，"同声传译的口译模式"和"交替口译的口译模式"就是在该书中被提出的。

吉尔在该模式中主要强调的内容是译员注意力的极限，其提出的相关内容都是针对分析译员在口译的过程中产生"错译"现象和"漏译"现象的假说，并非将整个口译的过程进行模拟。他认为，每个人的大脑对注意力的供给都是存在极限的，当译员在口译过程中所需要的注意力超过了这个极限，就会有"错译"和"漏译"的现象发生。然而在没有突发情况的口译过程中，译员注意力的供给量就已经处于饱和状态，一旦有困难诱因（problem trigger）出现，译员需要的注意力就会超过极限，进而产生"错译"和"漏译"。

吉尔自己也曾表示，注意力模式（EM）并不是一种架构模式，它实际上是一种操作约束模式，这种模式和其他的模式是一样的，不会架设某一个心理结构，也不会架设信息处理流程。

冯之林教授依据吉尔的观点进行了深入的分析，并认为注意力模式既然是一种操作约束模式，人们就不能在这种模式下假定口译活动是由操作制约形成的，并且，在口译操作的过程中，对口译表现进行预测和解释的有效的假说就是注意力极限。

吉尔没有将口译过程的内在表述看作口译理论的实际内容，他提出"认知负荷模型"的主要目的并不是提供一个关于口译全过程的结构分析模式，而是从整体意义上提供一个操作模式。在翻译理论的检验标准中，吉尔所提出的模式是最适合的。

所有提出的理论内容都应该存在以下几个特性：首先是可实验性，即所提出的理论的内容是可以检验的；其次是可预测性，即所提出的理论是能够预测的；再次是简洁性，即理论内容需要简洁明了；最后是概括性，即理论所包含的内容一定要全面。吉尔所提出的认知负荷模型就具备以上这几个特征。

许多的口译研究人员都对该模型的理论进行了研究和认证，例如张丽华的"影子跟读与同传训练"，钟钰的"脑力分配模式与口译中的笔记训练"等研究工作，都是吉尔模式具有可实验性和可预测性的重要证明。在同声传译和交替传译的研究中都可以使用吉尔模式，就是因为该模式所具有的简洁性与概括性。简单来讲，认知负荷模式，即口译需要的注意力要小于大脑加工的能力。

注意力模式的基础是认知，吉尔一直以来都在强调两个概念：一个为注意力资源的有限；另一个为任务进行时限与任务的困难程度相关。这两个概念就是吉尔模式中所使用的认知基础。

注意一词在英语中表示为 attention，许多研究学者在该定义的基础上提出了许多种理论模式，例如注意的资源模式以及注意的过滤模式。除此之外，还有许多的模式内容，例如卡芒（Kahnman）所提出的能力理论模式等。关于注意的过程，朴斯诺（Ponser）和斯德尔（Syders）认为，注意可分为两个过程：一个为自动加工过程，另一个为控制加工过程，并对比较复杂且具有多项任务的活动做了更深层次的说明。吉尔根据这些内容也表明了自己的想法，即在同声传译的过程中很少会出现"自动加工"。

在分析吉尔模式的基础上，冯之林教授还介绍了国内外口译界同行对其模式的拓展。其一为"口译源语材料特征对同声传译活动的影响"；其二为"同声传译中的影子跟读训练"；其三为"交替翻译中的笔记训练"；其四为"交替传译中的技能分解训练"。这些实证研究都支持了吉尔的口译操作模式,因为它能合理地解释译员的错漏译现象。

但是如果想要对口译的心理过程进行详细分析和说明的话,单靠操作型模式是完不成的,还需要结合许多领域的研究成果,例如心理语言学领域、神经语言学领域等,还要研究多个学科以及跨学科的研究成果才能完成。

3. 安德逊(Anderson)认知三段式模式

安德逊所提出的认知程序模式,指的是思维到话语的过程。许多的语言心理学家和认知语言学家在 20 世纪的六七十年代做了许多的实验研究,安德逊根据这些研究的结果将认知程序模式分为三个阶段:第一个阶段为思维构建阶段(S),即确定语言所要表达的思想内容;第二个阶段为思维转换阶段(T),即言语形式和思想之间的转换;第三个阶段为思维外化阶段(P),通过语言将思想表达出来。

安德逊提出来的认知程序和口译程序是相符的,研究人员刘宓庆在研究该认知程序后提出,该认知程序模式生成的基础是语言,有关于翻译语言的生成模式也可以将其作为认知方面的依据内容。在该认知程序中,做好第一阶段的关键是能将语言的整体内容进行理解,这样做的目的是将 SLT(源语文本)的完整的意义都能掌握;做好第二阶段的关键是能找到思想和语言之间的对应内容,这样做的目的是完成 SLT 的意义转换成 TLT(目的语文本)形式的过程;做好第三阶段的关键是能对译入语的掌握,这样做的目的是将 TLT 形式变成翻译活动,并突出其服务于交流目的的特征。

单语交际和三段式认知程序模式之间的区别就体现在上述的三个关键内容与三个目的内容中,在第一阶段所要理解的思想内容是来自发言人的,译员所要做的就是使用不同于发言人的语言将发言人的思想阐述或解释出来,而做这一切的前提就是译员自己能够理解发言人的思想内容,这样第一阶段才算完成,然后迈进第二阶段完成对思维的转换,最后才在第三阶段将内容表达出来。

这种转换的基本保证应该是把握 SLT 全部意义,若想做到这一点,译员就需要拥有同讲话人可以分享的认知知识和语言水平,否则思想的转换和翻译行为就无法进行。安德逊这一模式同释意派理论强调的“理解—脱离源语语言外壳—表达”的原则是一致的,只是思考问题的角度和表述方式有差别。

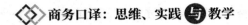

（三）西方口译的教学研究

西方口译教学研究始于从事口译实践活动同时承担口译培训任务的一批学者对教学内容的探索，例如，艾赫贝尔（J. Herbert）的《口译须知》（*The Interpreters' Handbook：How to Become a Conference Interpreter*）自20世纪60年代起一直是口译培训项目的重要参考依据；法国释意派理论创始人塞莱斯科维奇和勒代雷合著的《口译理论实践与教学》更加系统地结合口译理论，提出了一系列口译教学的原则和方法，并对口译教学的课程设置、教学方法、教学评估做了详尽描述；吉尔（Gile）基于长期从事翻译研究和实践的经验，对翻译培训的具体概念和模式进行了细致、全面的分析和讨论，其经典的认知负荷模型更是被口译教学的研究者和实践者视为经典理论。几乎同一时期，西方学者开始注重运用实证法研究口译教学。例如，Ficchi针对学生在口译中出现的主要问题——漏译、反应迟缓、语言问题、表达不畅和句子不完整，引导学生利用课后的时间进行专项训练，半年后经过测试发现，学生在这一问题上的错误率明显降低，从而得出结论：有针对性的技能训练可以提升学生口译水平。Bottan通过比较控制组和试验组的演讲技能训练在口译课程中的有效性，发现经过演讲训练的学生在口译发言过程中的演讲意识更为出色，具体表现在呼吸、声音控制，以及利用身体语言，例如眼神交流方面。Liu, Schallert & Carroll对比研究职业译员和口译专业学生的记忆能力，指出整体而言受试者的记忆能力没有太大差异，但是在具体口译记忆测试中，职业译员经过了职业培训，在捕捉信息要点、有效分配认知资源和处理信息的技巧运用方面，都优于口译专业的学生。Szabo对学生的口译笔记进行了研究，结果发现学生在做笔记过程中倾向于使用目标语或者混合使用源语和目标语。这些研究成果都为口译教学实践提供了重要参考。

此外，口译教学研究不断借鉴其他学科（如语言学、心理学、翻译学、教育学等）的研究方法和成果，对相关的口译理论进行验证，推进口译教学实践的发展。Sawyer依据教育学中的反思理论，指出口译教学应该更多地融入反思环节，不仅是学生自己的学习反思，还应有教师对口译课程的反思，这种反思贯穿于课程设计、课程实施、课程教学效果评估环节，并不断完善课程设计。弗兰兹·波赫克（Pöchhacker）对西方自 20 世纪 50 年代以来的口译教学研究进行了归纳总结,发现相关研究主要围绕课程设置、学生遴选、口译测试及教学方法展开。近年来,Yan, et al. 通过回顾国际九种权威翻译期刊 2000—2010 年的口译研究,发现口译教学与评估研究在总共 235 篇文章中占 25%,而在这一小部分口译教学研究中,绝大部分(约 80%)是对教学方法、模式或者教学理论的探讨。但是,有少量论文开始关注新技术与口译教学,以及口译教学中的学习者因素。例如,Yan, Pan&Wang 调查了学习者个体因素、语言能力和口译学习效果之间的关系,发现学生性别、动机、个人习惯及语言能力与口译学习效果紧密相关。

西方的口译教学研究在时间上早于国内,在研究内容和研究方法上都给国内的相关研究提供了有益参照。但是,正是由于西方的研究者通常自身既是译员又是口译培训者,所面对的学员多为平行双语或多语者,其研究内容和研究结果必然和国内的口译教学研究有很大区别。

（四）西方口译研究中心简介

在欧洲所有的口译研究中心中,巴黎一直以来都是其中最重要的一个基地。对于中国的口译领域来说,研究人员和译员最熟悉的翻译学校就是位于法国巴黎的高等翻译学校,即 ESIT;他们最熟悉的翻译学派就是由塞莱斯科维奇创建的释意派,该学派中的理论内容在全世界的口译领域中曾产生过不小的影响力。尽管如此,该学校在研究领域中还是具有一定的局限性:一方面在于其研究的内容不够深入,没有从跨学科的角度进行研究,更多的都是关于职业口译教学的内容;另一方面在于表达研究结果时所使用的语言,由于该学校位于法国巴黎,因此,其研究的内容也都是用法文来撰写的,然而人们了解更多的第二外语是英语,所以在传播的过程中难免会产生一些阻碍。

吉尔是里昂第二大学的教授,也是在口译领域有着较大影响力的法国学者。吉尔的一生研究出了许多关于口译的成果,发表过许多相关的论文与专著,并被众多研究人员与口译学者使用和借鉴,在研究跨学科方面的口译实证中,吉尔被人们看作最具代表性的人物。在他所有的研究内容中,对口译领域影响最大的就是《口笔译训练的基本概念与模式》(*Basic Concepts and Models for Translator and Interpreter Training*),同时,该专著也是中国的口译研究人员和口译学者使用最多的一本专著。上海外国语大学设立翻译学硕士和博士点后，他被特邀成为该校翻译学博士生导师。

每年的六月和十二月都会有和口译理论研究相关的信息以及口译研讨会、交流会或其他的一些活动的信息，在国际口译研究信息网公报（the IRN Bulletin）中被公示出来，该公报是由吉尔创办的，并且担任主编的职位。中国进入公报的时间在 2002 年，当时在北京召开了相关的国际研讨会，并将本国研究的口译成果发布在公报中，此举帮助中国的口译研究进入了国际的视野，并被其他的口译专家和口译学者所了解。

近些年来，在国际口译领域中逐渐有影响力度的口译研究中心是特里斯特大学的翻译学院，即 SSLM，位于意大利。1986 年，一场大型的口译训练研讨会在特里斯特大学成功举办，该学校的口译研究因此进入了一个全新的阶段。

在口译领域中诞生的第一本学术刊物是《口译通讯》（*Interpreters' Newsletter*），该刊物就是由特里斯特大学主办的，并且该学校主要研究的方法是科学实验法。其中，通过跨学科合作的方式研究口译的代表人有葛兰（Gran）和法博罗（Fabbro），他们的研究角度是神经学，主要包括神经心理学以及神经语言学。

维也纳也有口译研究中心，设在奥地利维也纳大学翻译系（Department of Translation and Interpreter Training，University of Vienna）。西方口译研究的开拓者中有一位名为库兹的学者，维也纳大学翻译系之所以能成为研究中心，就在于库兹众多的研究成果。她是口译领域中第一位博士，她既是一名职业的口译人员、AIIC 的成员，也是一名出色的心理学家。这决定了她在研究口译活动时所涉及的领域同其他人相比更加广泛，既有同历史相关的口译内容、同技术相关的口译内容、同就业相关的口译内容，还有同人脑活动相关的口译内容等。

在美国的乔治敦有一所以口译的历史和语言能力在口译训练中的测试为主要研究内容的学校，即美国乔治敦大学翻译学院（Interpretation and Translation School of Georgetown University），该学院也是著名的口译研究中心，其中的主要代表人物有大卫（David）以及马格瑞特·博温（Margareta Bowen）。

除此之外，在美洲，口笔译活动最为活跃并且研究中心比较著名的学校有美国的蒙特雷国际研究学院高级翻译学院（Monterey Institute of International Studies）以及加拿大的蒙特利大学（University of

Montreal）。在加拿大出版的学术刊物 *Meta* 是在口译领域中最受欢迎的学术刊物，同时也是在笔译领域中最受欢迎的。而澳大利亚的口译中心主要的研究内容是社区口译。

在欧洲，有着较多研究成果的学校包括日内瓦大学（Geneva University）、布拉格的查尔斯大学（University of Charles of Prague）、以及位于芬兰的几大高校。同时有一些国家也开始出现了新兴的研究力量，例如西班牙。

二、国内口译教学研究

以"口译教学"为关键词在 CNKI（中国知网）核心期刊进行文献搜索后发现，1980—2015 年，国内论文总数 244 篇，剔除"本期聚焦""新书目录"等无关论文 16 篇，实际口译教学研究的论文共计 228 篇。依据文献的发表趋势，口译教学研究可以分为萌芽期、启动期、发展期三个阶段，如表 6-1 所示。

表 6-1　口译教学研究文献统计

口译教学研究阶段	核心期刊论文数量
萌芽期（1980—2000 年）	12 篇
启动期（2001—2006 年）	35 篇
发展期（2007—2015 年）	181 篇

（一）第一阶段——萌芽期（1980—2000 年）

这个阶段的口译教学研究以介绍西方口译教学理论为主要内容，也正是在这个时期，法国释意派的口译理论及相关教学理论、吉尔的技能培训方法等被以刘和平、鲍刚、仲伟合等为代表的学者介绍到国内。例如，刘和平、鲍刚详细描述巴黎高翻学院的口译三阶段论，即源语理解—脱离语言外壳—译语，指出口译是一种交际活动，听辨理解是一个概念化的过程，通过译员的心智活动用目标语的语言规则表达出来。同时指出，职业口译技能训练的基本条件为：教员具有丰富的实践经验；学生具备无障碍理解目标语的外语水平，表达基本自如，具备译员的反应速度、综合分析能力、记忆能力、知识面及口译任务中注意力高度集中的品质。结合中国的国情，两位学者提出了改进口译教学的具体建议,例如,在进行口译技能培训前期开设口译基础课和语言提升课,并明确要将外语口语课与促进口译能力提升的语言课进行严格区分。鲍刚还从口译的技能构成要素——思维整理及记忆技术、笔记技术、译语复述基本能力、主干词汇与重点词汇转译基本方法、数字转译技术、专有名词复述能力、译前准备技术(包括词汇强记)——出发,指出口译的训练方法依次为记忆、笔记、B—A 语口译、A ＝ B 语互译、译前准备训练。

类似地,仲伟合介绍了口译的特征、标准,技能内涵和技能训练方法。他指出,口译工作要求译员通晓两种语言,具有宽广的知识,同时口译活动是受限制活动(受时间和发言人限制);口译的标准为忠实、即时;口译技能包括逻辑整理与记忆、译入语复述和译前准备技能;技能训练由记忆训练、笔记和数字口译训练、视译训练组成,按照循序渐进的方式展开。此外,也有学者开始关注口译教材。在厦门召开的第一届口译理论和教学研讨会上,总共收到 21 篇论文,而且基本是对口译培训条件、教学目标、教学内容、教学方法的介绍。方健壮指出,口译教学研究应该加强口译理论和教学实践的结合;加强高校之间,高校与科研机构、学术团体和政府涉外部门之间的交流与合作;加强口译教师队伍的建设。

总体而言,这一阶段的口译教学研究通过大量介绍西方的口译教学理论和相关研究,开启了国内口译教学研究之门。

(二)第二阶段——启动期(2001—2006 年)

由于在我国翻译作为专业学科的地位还没有得到确立,因此规范的教学理念、模式、方法、课程设置和教学评估等所有涉及课程教学的组成部分都没有形成。但正是由于已经有一批学者将西方的口译理论和研究成果介绍到了国内,同时国内日益增长的口译培训需求推动了口译教学的发展,国内的口译教学研究也得到了极大的发展。如图 6-1 所示。

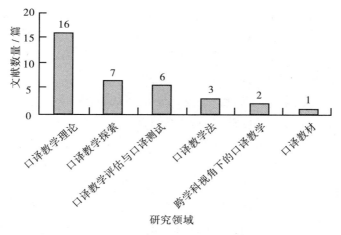

图6-1　2001—2006年口译教学研究文献分布

通过分析这一阶段的研究文献可以发现,其研究主要有六个不同的领域:第一个研究的领域为口译教学理论,第二个研究的领域为口译教学探索,第三个研究的领域为口译教学评估与口译测试,第四个研究的领域为口译教学法,第五个研究的领域为跨学科视角下的口译教学,第六个研究的领域为口译教材。

在口译教学理论研究方面,刘和平以第三届口译理论和教学研讨会的结论为依据,指出参会者就口译教学在教学目标、教学原则、教学手段和方法上都不同于语言教学这一观点达成一致,为我国将来制订统一的口译教学大纲奠定了基础;同时编写统一的口译教材也被提上日程;跨学科研究是口译教学研究的方向,信息技术的发展也给口译教学带来挑战。中国的口译理论和教学研究虽然起步较晚,但是已经开始从早期的经验陈述逐步走向深层次理论研究,对口译本身的封闭型研究开始扩展到开放型的跨学科研究,成为构建中国翻译学框架研究的重要组成部分。

刘和平认为,在口译领域中如今需要人们面对的问题一共有三点:第一点是怎样才能从跨科学的角度出发,开展口译的实证以及认知研究;第二点是怎样才能让口译活动的发展方向更加的职业化;第三点是在口译教学的过程中怎样才能以中文和外文的特点为主要依据。

在口译教学探索方面,鲍川运指出,从口译的过程和口译技能训练的规律看,大学本科口译课程存在局限性,因此应该调整教学目标、教学原则和教学内容。

从教学目标的角度来说，人们需要对口译的性质、口译的形式、口译的基本概念以及口译的认知过程都有所了解，主要培养学习者的双语思维能力，教会学习者口译的方法以及口译所需要的基本技巧，在培育最基本的口译能力时还要培养双语反应的能力。

在教学原则上，实践应多于理论介绍，以技能训练为主、主题训练为辅；在教学内容上，应包括口译理解的方法、交替传译记忆和笔记的方法，以及信息转换的方法。卞建华提出，在新时期应尽可能建立专业翻译院系，保证课时数及教学的规范化和系统化，正视国内师资现状，加大师资培训力度，更新观念，明确定位，改革口译教学模式。

在口译教学评估和口译测试方面，蔡小红、方凡泉提出，应从口译工作的本质、各种不同要求的任务、口译员的主观努力、源语发言人与现场听众的客观反馈及评估的目的建立合理的评估标准。陈菁从语言测试理论和交际原则角度分别探索了口译测试的重要因素和具体操作方法。冯建中从口译测试需要面临的六个问题——口译教学大纲、口译考试大纲、口译考试内容、口译测试质量、口译测试评分标准，以及口译测试与口译教学的关系，对我国口译测试的规范化提出建议。此外，蔡小红认为，教学评估不仅必要，而且要测量教学质量标准的实现程度，分析学生的翻译能力，在整个课程中，评估可以帮助调节训练节奏、方向，掌握训练进度，完整的评估体系由前瞻性和回顾性评估、持续性和挑选性评估、课上和课下评估、校内评估和学校与职业机构的合作评估等构成。

在口译教学法方面，王晓燕依据口译语言的口译体不等同于非正式语体，但又大量采用单音节或少音节词及高频词，句子简短、灵活，不用或少用非谓语动词形式等特点，建议教师从语言的角度进行口译体语言训练，同时在教学方法上以运用记忆、引语、一意多译和综合训练方法展开训练。张宝钧从口译员需要较高的心理素质的角度，提出口译教学除了语言文化和口译技巧方面的训练外，还应注重对学生心理承受能力、临场应变能力、公共讲话能力的培养，帮助学生完成向一个合格译员转变的心理准备过程。滕亿兵、李云平指出，源语概括能力是口译其他能力的基础，因此在口译教学中应当重点训练，并且提出了具体的源语概括能力训练方法。

口译教学的跨学科研究主要借鉴了语言学、心理学的相关理论。例如，从语用学角度，陈小慰探讨了口译教学中重视培养学生语用意识和语用能力的重要性和必要性,以及如何在教学中建立相关语用链接,提出通过引入语用学知识和建立相关语用链接,增强学生语用意识和能力,最终在口译实践中解决好语法正确与语用得体之间的矛盾,正确、得体地进行英、汉互译。从记忆心理学角度,鲍晓英试图将记忆心理学的短时记忆规律应用到口译教学中。

研究学者王金波和王燕针对口译教材进行了研究,从他们的研究结果可以发现,许多的口译教材缺少理论基础的支撑,并且没有按照口译技能训练的原则使用口译教材,同时,教材还缺少真实性与科学性,还需要提升教材的多样性。

口译活动发展到今天已经变得越来越重要,而教材的基础内容应该是口译的理论内容,教材的导向应该是社会的实际需要,这样才能在教学的过程中经口译的特点完美地呈现出来,承担起知识主体的地位。

关于口译教学的研究内容在第二阶段就已经出现了雏形,这个阶段中许多的研究内容都有口译教学的内容,例如口译教材、口译教学理论以及口译教学方法等。但是更多的研究依旧是阐述口译的理论内容以及口译的经验内容,能够使用有力数据对研究内容进行实证的研究成果还没有出现。

（三）第三阶段——发展期（2007—2015 年）

随着本科翻译专业的设置及翻译硕士学位点的开设,真正意义上的口译教学研究才开始发展。如图 6-2 所示,这一时期有关于口译教学的研究内容一共有八种:第一种所研究的内容是口译的教学方法,相关的研究文献共有 77 篇;第二种所研究的内容是现代信息技术与口译教学研究,相关的研究文献共有 27 篇;第三种所研究的内容是口译的教学现状研究,相关的研究文献共有 26 篇;第四种所研究的内容是口译的教学模式,相关的研究文献共有 15 篇;第五种所研究的内容是口译测试和口译教学质量评估的内容,相关的研究文献共有 14 篇;第六种所研究的内容是口译的教学理论,相关的研究文献共有 9 篇;第七种所研究的内容是口译的教材,相关的研究文献共有 9 篇;第八种所研究的内容是口译的师资力量,相关的研究文献共有 4 篇。

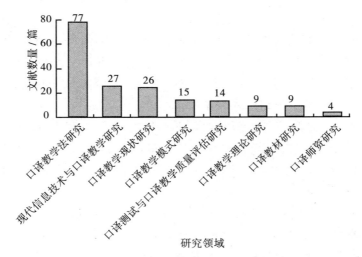

图 6-2　2007—2015 年口译教学研究文献分布

1. 口译教学法研究

口译教学方法与教学策略是新时期口译教学研究的重要内容，几乎占此阶段相关研究总量的 50%。从研究主题看，包括具体口译技能的培养方法、口译过程与口译教学的研究、相关教育理论在口译教学中的运用。

相关口译技能培养方法涵盖数字口译、口译听辨训练、认知记忆训练及技能化口译教学理念如何在口译教学中实现。例如，杨莉根据数字口译的特点，提出数字口译应首先强化数级差异训练、一数多译灵活训练，以及数字信息综合训练，建议学员根据自身对数字的感知习惯，形成一套个人熟悉并相对固定的听译笔记系统，以提高数字口译质量。

研究学者白佳芳所研究的内容有两点：一点为听辨理解技能在英汉口译培训中的有效性，另一点为该有效性对口译活动会产生怎样的影响。经过研究之后了解到，口译初学者的听辨理解水平在经过培训之后是能得到有效提高的。听辨理解技能包含音流听辨、关键信息识别、逻辑线索听辨以及源语复述等多项技能，经过培训后，这些技能的使用都能得到有效的提升，尤其是前面提到的这四项技能。同时，译员的口译质量，对源语言的忠实程度以及对译入语的表达，在经过培训之后是能够有效提升的。

研究者张威所研究的内容主要为记忆，其研究的对象为初级的口译学者和高级的口译学者，通过研究发现在学习口译的过程中，如果学习者的记忆能力得到了提升,其学习的效果也同样能得到提升,而效果最为明显的记忆训练就是记忆协调训练,如果在学习者刚开始学习口译的时候,就对其记忆的容量进行训练,其学习的效果也会更加明显。所以,如果想让口译学习的综合效果得到提升,就需要进行训练,尤其是记忆容量和记忆协调训练的结合。

唐媛指出,技能化口译教学虽然得到广泛共识,但是在实际的口译课堂教学中应该改进科学分配脑力、合理选择材料、精讲口译技巧、多做技能训练、注重过程点评、巧用录音手段等口译教学环节。

部分学者从口译过程出发,为口译教学提出参考建议。例如,林巍以思维过程和语言应用为主线,对同声传译教学的设计和操作进行综合性调查,探索如何开启译员的特殊能力,建立注意力分配机制,进行思维模式转换等。

研究学者曾记和洪媚研究的内容是自我修正在连传口译产出中的模式与性质,其研究的对象是学生译员,并且这些译员参加了具有全国性质的口译赛事活动。经过研究发现,学生译员对于口译形式的修正低于口译内容的修正,并且对形式偏误的监控能力水平以及修正能力水平并不高,同时,译员在口译过程中的自我修正模式会因口译任务类型不同以及口译任务要求的不同而受到影响。针对这种现象,曾记和洪媚提出,在口译教学的过程中,需要找到一个方法能够将口译特点和语言的基础课程结合起来,从而将语言基础转变为口译技能,让句法的知识内容有效地被学生吸收和内化,同时增加关于句法的训练活动。

还有学者针对汉英口译中的停顿现象揭示对口译教学的启发意义,针对汉英非流利现象的研究指出口译教学应当侧重语言能力的提升,针对东盟自贸区口译需求的分析,研究如何帮助学生减少听辨障碍。从视译教学的原理、步骤和内容,揭示在一个完整的口译教学课程系列中,有效的视译训练对于学生口译能力的培养非常重要。通过对比职业译员和学生译员在交替传译中策略使用的情况,指出职业译员在译前准备、笔记与记忆、语言能力、焦虑控制和听众意识方面的优势,应该是口译教学中可以借鉴的培训内容。

此外,还有学者探索相关教育理论在口译教学中的运用。例如,文军、刘威通过实验设计,探讨了任务型教学法应用于口译教学的可行性;魏晓红运用模因论探索口译过程中信息和文化的复制方式,从而为口译教学提供新的视角;吴建从建构理论出发,从提高学生跨文化交际

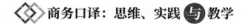

能力的角度来讨论学生口译教学质量的提高。

2. 现代信息技术与口译教学研究

这类研究集中探索现代信息技术迅猛发展下的口译教学模式。例如,将多媒体手段用于口译课堂教学的必要性和可行性;构建一个基于语料库的现代化口译教材包,由口译教学指南、译员指南、自主学习平台、电子教材(录音带、录像带、幻灯片、电影片和口语化的文字材料等)、学生用书五部分构成。

研究学者陈圣白进行的是创新设计的研究,其研究的主要内容是同口译教学相关的内容体系、技能体系、任务体系以及评价体系;其研究的主要依据有两点:一点为口译的语料库,另一点为翻转课堂的教学理念。在经过研究之后,陈圣白建立了一个关于口译的翻转课堂的教学模式,并且该教学模式是在语料库的驱动下形成的。该教学模式包含了在口译教学过程中的四个设计模块的内容:第一个设计是关于教学内容的体系设计,第二个设计是关于教学任务的体系设计,第三个设计是关于技能的体系设计,第四个设计是关于评价的体系设计。该教学模式下的教学主体为学生,教师只起到了辅助的作用,并且设计该教学模式的目的在于让学生学会个性化的学习,学习的依据为信息技术和语料库,同时提高口译学习者的口译能力以及口译教学的整体质量。

研究学者王洪林研究的主要内容为在翻转课堂中口译的教学活动,其主要针对的是 Mooldle 教学平台,并将重点放在了研究口译教学中的问题内容。他所研究的角度共有三个:第一个为口译教学中的技能训练模式,第二个为口译教学中的学习模式,第三个为口译教学中的评价机制。通过研究他发现口译训练是会通过翻转课堂的教学而产生显著效果的,并且在翻转课堂教学中,Mooldle 教学平台是会起到有效作用的。

3. 口译教学现状研究

口译教学现状研究主要由理论思辨型和实证研究型构成。思辨型研究主要从宏观上对口译教学现状进行梳理或总结。例如,在刘和平的观点中,国内的口译教学一共包含四个层次的内容:第一个层次为职业会议译员,第二个层次为职业译员,第三个层次为交替传译译员,第四个层次为旅游或联络口译。随着中国的发展,口译活动也逐渐变得职业化和专业化。在中国,一些翻译学院都设有专门的学科以展开口译的教学活动,包括外交学科、外贸学科、法律学科、文化学科以及经济学科等。中国的口译行业需要专业的口译人才,而培育专业口译人才的方式,就是在口译培训活动的过程中,与学院专业特色相结合,使中国的口译人才既能够满足交流的需要,也能满足不同领域的需要。研究学者穆雷的研究内容主要为全国范围内的学校对翻译学科的建设和教学活动,他认为已经存在学科基础和办学条件作为口译教学的支撑。

和静通过对本科口译教学现状的思考,指出应当加强听力训练,做好口译铺垫,强化技能系统,提高学生的口译认知,引入评估机制,量化训练指标,打造互动平台,鼓励自主实训。詹成对中国口译教学30年的发展和现状进行了梳理,指出口译教学的目标是培养职业化人才,口译教学的技能性、实践性、理论性、阶段性原则比较具有代表性,教学层次涵盖本科、硕士、博士及非学历教育培训,教学内容包括理解语言与理解信息、记忆语言与记忆信息、多任务协调与处理、口译笔记与解读、口译技巧与知识、肢体技能与表现、语言表达与信息表达,教学模式多为基础技巧训练、口译操练和口译观摩与实践。近年来,口译教学呈现的特点为:口译教材不断出版,教学研究从早期的单纯经验总结和教学法探索到结合认知学科、关联理论、文化研究、翻译研究、信息技术等进行理论水平较高和跨学科的研究,注重口译市场和职业认证体系的建立,从而指导口译教学。

有一些研究学者在研究口译教学实践活动时所使用的研究方法是实证型研究。研究学者罗选民、黄勤以及徐莉娜所进行的就是实证型的研究,他们的研究所针对的对象为大学的英语教师以及大四的学生,来自11所不同的学校和不同的专业,其研究的主要内容为口译教学方面的内容、原则、使用的教材、教学方法以及培养目标等。研究结果证明,在大学口译教学方面,有关的教学理论研究并不多,同时,对口译教学环节中的各项内容都要加以重视,包括培养学生译员的目标、口译教学的内容以及口译课程的设置等。

葛卫红对19所高校英语专业的口译课堂展开调查,发现口译课时偏少,课程设置有待提高,师资力量薄弱,教学内容与学生实际水平脱节、内容松散、指导性不强,教材不系统、内容少、针对性不强、实用性差等。教学方法上,接近90%的口译课堂是听录音练习口译,或者教师朗读练习口译,或者学生间相互练习口译,很少进行口译实践。王文宇、周丹丹、王凌分析了191名英语专业大四学生在英译汉、汉译英任务中的表现,结果表明,学生的汉译英能力稍强于英译汉能力,但总体表现不够令人满意:学生在英译汉任务中的问题主要表现在理解、记忆源信息上,特别是在遇到数字、生词、复杂句式时易卡壳;在汉译英任务中,学生的问题集中于目的语表达层面,如句子建构、专有名词的表达及对小词和中式短语的传达。这些都为英语专业的口译教学提供了重要参考。邓军涛调研了我国 11 所高校的口译教学资源开发情况,发现我国高校对学生前期学习需求了解不足,选材标准缺乏客观依据,资源形式单一,缺乏系统管理,资源反馈环节薄弱。

4. 口译教学模式研究

这类研究侧重运用口译理论或者其他理论探讨口译教学的模式。例如,一些学者展开了对翻译硕士专业学位教育的特色培养模式、翻译硕士专业学位课程设置的研究,以及对上外口译精品课程模式的介绍。还有学者分析了法国释意理论思辨口译教学模式,或者探索了巴黎高翻学院的口译教学模式是否完全适合中国的口译教学。刘和平在分析口译教学人才培养目标、技能化口译教学原则、阶段性口译教学步骤后,提出了以下五种教学模式。

第一种教学模式为自省式教学,该教学模式的基础内容为培养学生译员针对翻译能力的自评行为,其具体的教学方式分为三步:第一步教师将口译的各项要求发送给口译学生,包括口译的交际能力、口译的综合能力以及口译的语言能力等;第二步让学生译员根据要求开展自测,并将自测的结果整理后交还给教师;第三步教师根据学生译员的反馈内容重新设计口译教学的大纲内容以及教案内容。

第二种教学模式为互动式教学,该教学模式中的主体对象为学生译员,提出该教学模式的目的是让学生译员走出被动接受知识的角色,成为口译教学过程中的主动参与者。要想实现该模式就需要教师在教学的过程中调动学生译员学习的积极性,在口译教学活动中添加练习活动和互动活动。

第三种教学模式为模拟式教学,该教学模式下的教学活动主要是以工作坊的形式展开的,以便学生译员在教学活动中有充分的机会观察自己的行为、观察他人的行为以及观察周围的环境。口译教学的任务目标是让学生译员达到能力的训练点,而在设计工作坊的过程中,就需要将这一任务目标明确出来,并设计出一些适宜的场景,主要用于帮助学生译员发现口译过程中的问题,并解决这些问题。有时也可以在设计的过程中加入学生译员还没有遇到但有可能会发生的一些困难,让学生译员在解决这些困难时有机会进行自我反省。

第四种教学模式为实战教学,该教学模式的主导内容为项目,并将学生译员未来的就业方向以及社会市场对译员的需求,作为制订实战目标以及实战内容的主要依据。在教学课程中应用具有能够体现学生译员翻译能力的且具有代表性的项目。该教学模式最大的特点就是需要处理好学生译员和教师之间的关系、学生译员和客户之间的关系、学生译员和使用译文的人之间的关系、学生译员和资源之间的关系。

第五种教学模式为团队式教学,该教学模式的基础是学生译员之间的互动活动,让学生译员找到自己的特点以及自己的弱项,进行有针对性的训练,学生译员在团队中开展讨论或进行合作,并利用这种方式加深对口译教学内容的理解与掌握,再通过应用将其变成属于自己的能力。

此外,部分学者进行了对口译教学模式的实证研究。例如,古琦慧提出以培养译员能力为中心的课程模式,口译能力训练包含双语能力、口译技巧、百科知识、演讲能力,在课程模式上首先进行口笔译核心课程学习,然后进行口笔译分专业学习,开设提升语言能力的选修课和注重口译实践的课程,增加专业口译课及设置相应的课程,以提高学生的口译交际能力、职业服务意识、职业道德意识和身心健康水平。

研究学者陈振东认为口译课程培养的模式,其中心内容应该是学生译员的参与,其使用的手段应该是学生译员的实战操作,其最终的目的是提升学生译员的口译技能。王静认为关于口译的教学模式在当前的网络环境完全可以应用任务型的模式,也就是说,口译活动实际上是一项交际任务,并且带有综合的性质,教师在该模式下,通过指导学生译员,使其掌握口译的技巧,并将这种技巧应用于口译活动的始终。所使用的课堂活动可以是双边的也可以是多边的,但无论是哪一种课堂活动,最终的目的都是开拓口译教学的形式,以及增添口译教学的内容。

葛林、罗选民、董丽以诺德翻译能力理论为依据,结合对首批 13 所 MTI 院校进行的问卷调查,从翻译能力、培养途径、作用范围、检验方式等角度,提出运用文本分析模式构想翻译问题及策略、调整专业翻译难度、关注实践课程建设、具体化翻译力检验过程等具体的意见,并对目前的 MTI 培养模式进行了反思。李芳琴参照功能翻译理论,指出口译教学模式应该充分体现语言能力提高与各项能力培养的关联性、目的性和指向性。

在邓媛的研究中,她研究的出发点为生态翻译学,并以此角度分析口译教学过程中共五个维度的内容,分别是口译教学的理论基础、口译教学的目标倾向、口译教学的实现条件、口译教学的操作流程以及口译教学的效果评价,而这五个维度的内容就是建立 MTI 口译教学模式的主要依据。而建立该教学模式的目的是发展学生译员的综合能力,包括口译技能的自动化、作为译员的口译素养以及译员的持续发展,最终从生态环境的角度实现口译的和谐统一。

5. 口译测试与口译教学质量评估研究

这类研究侧重口译质量和口译教学质量评估,包括以下几个方面:口译互动教学模式的教学质量研究、口译质量评估的研究、英语专业口译教学结业测试设计与评估、形成性评估在口译教学中的应用、交际语言测试理论下的口译测试构卷效度研究、口译教学评估模式的研究、基于形成性评估的口译教师反馈、高校英语专业口译能力评估及对口译教学的启示。

针对口译训练的环境,研究学者蔡小红选择使用互动训练的模式,该模式主要用于信息技术环境中,即使用多媒体信息技术,在其辅助下使该环境变得多元化。为了能对训练的环节做出及时且适当的调整,她采取了对口译训练的绩效进行全程监控的方式,这种方式的使用依靠的是评估系统,该评估系统需要具有科学性。通过调整提高师生之间的配合度,将潜藏于教学模式中的优势内容充分地发挥出来。

研究人员刘银燕和张珊珊为学习英语专业的学生制订了有关于口译活动的测试评分表,该表制订的基础是学生在口译教学过程中的教学目标,制订的主要依据有两个:一个是交际语言能力模型;另一个是语言测试中的"有用性"原则。除此之外,他们在制作的过程中还加入了自己的思想,这些思想的依据源于他们自己的实践活动,主要内容有命题的难度、测试的可操作性以及测试的真实性。

邬姝丽所研究的内容是学生的口译能力,并针对他们的能力做出了量化的评估。其评估的主要方式是问卷调查,调查的内容一共有四个:第一个是学生的语言能力,第二个是学生的知识结构,第三是学生的策略能力也就是学生对口译技能的掌握,第四个是学生的心理能力。进行评估的主要目的在于分析学生在运用口译技能的过程中所存在的问题，并在口译教学的过程中解决这些问题。

研究学者曹荣平和陈亚平所使用的研究方式是案例教学研究，其研究针对的对象为英语口译课程，主要是本科生和研究生所学习的课程，学习的专业都是英语，所研究的班级一共有四个。其研究的主要内容包含两点：第一点为形成性评估的教育理念，第二点为在口译教学过程中，课堂所呈现出的特点以及课堂的实效性特征。通过研究可以发现，在刚开始学习的时候，学生会有一定的压力，尤其是心理和情感上的压力，但从总体上来看，这种压力并不会对学生造成太大的影响，学生对于学习任务的互动性和生动性，也会在形成性评价策略的应用中得到提升。在该实验中，为了提升学生的自主学习能力，增强学生的学习动机，他们充分利用了实验室中的多功能教学设备以及通过多种渠道对需要的信息资源进行储存和提取。

研究学者张威所研究的内容主要是人们对于口译质量的期待，包括口译工作人员以及使用口译的人员，其分析的环境为现场口译环境。通过研究可以发现，不同的环境下，人们对于口译质量的期待是不同的，并且口译工作人员和使用口译的人员对于口译质量的期待也是不同的。在一般场合中，口译工作人员的期待值更高，而在某一特殊的场合中，使用口译的人员对于口译质量的期待值则更高一些，并且人们对于口译内容的期待要高于对口译形式的期待，但也不排除有一些特殊的情况，会使人们对于口译形式的期待值更高。

研究学者刘育红、李向东、何莉三人所研究的主要内容为口译评估模式对学生口译分数的影响。在研究中，所使用的评估方式一共有两种：一种为现场评估的方式，另一种为录像评估的方式，而参与不同评估模式下的学生都是同一组。分析研究结果发现，不同的评估模式下学生的口译表现明显不同，同时，在使用录像评估的方式时会比现场评估模式更加严格，所有学生在录像评估方式中所得到的分数都没有现场评估模式下所得的分数高。

6. 口译教学理论研究

口译教学理论研究一方面承袭了对西方口译教学理念的解析和推广，另一方面也不断融入对本土化口译教学的思考。这类研究包括介绍口译课程设置和教学原则、反思释意理论产生的历史背景、分析国际上关于法国释意派理论的争议、总结语言服务人才培养模式、构建翻译体系、讨论本科翻译教学的原则和方法、探索翻译能力发展的阶段性及其教学法研究、介绍翻译教学模式等。

一方面，部分学者展开了对西方口译教学理念的分析和反思。例如，仲伟合对口译教学原则和方法进行了介绍。高彬、柴明颎从历史角度客观回顾了口译释意理论的诞生、发展、影响及其存在的争议，指出它是第一个将语言思维关系进行系统说明的口译理论，并根植于语言与思维的假说中。由于 20 世纪 60 年代认知研究刚起步，释意的实质一直没有得到实验论证，因此饱受争议。但是，释意理论被运用到口笔译教学中，形成了系统的培养体系，产生了积极影响。

除此之外，从跨学科的角度对口译活动进行研究的过程属于对口译的认知研究，而口译研究正式进入该阶段是因释意理论的出现。关于口译教学的研究内容，我国依旧停留在释意理论的初期阶段，尤其是关于教学翻译和翻译教学方面的研究内容还没有发展成熟。关于培养会议口译的方法还在研究的过程中，尤其是在会议口译课程的设置和教学大纲的安排上。在我国的口译语境中，在口译教学的过程中应用释意口译理论依旧是需要探究和思考的内容。

张吉良梳理了国际学者对释意理论的争议，指出该理论适用于教学，但作为解释性理论，无法回答口译认知心理的许多疑问。

人们在对释意学派进行研究时，更多是个体性的研究或"一次性"的研究，而持续性的研究、深入性的研究以及系统性的研究相对来说还比较少，而现有的这些研究，其研究的内容和学术价值都不是很高。新一代的年轻学者们在研究时所使用的实验方法也都更加的精确，为了对释意理论做出更加精确的研究，已经不再使用传统的经验思辨方式了。

另一方面，部分学者从翻译职业化特点和专业化人才培养的需求来探索口译教学理念。柴明颎从语言、话语、译语方向、口译技能特点、翻译服务场合等要素出发，指出口译的职业化特点，要求口译教学必须专业化。

在培养口译人才方面，刘和平也提出了自己的观点，在他的观点中，对于培养的目标以及培养的要求需要朝着职业化的方向进行，并且，这种职业化不仅需要应用在口译课程中，在笔译课程和外语专业的翻译课程中也同样是需要做到的。在培养的过程中需要重视两个方面的内容：一方面在于重视对翻译过程的训练以及对翻译技能的养成；另一方面在于重视形成翻译认知的自动化。在翻译课程中最主要的教学内容应该是训练学生的翻译思维，教学的辅助材料应该是不同题材和体裁的文本资料或讲话资料，教学的主要目标应该是增加翻译技能的训练，提升学生的语言能力。其最终形成的教学模式应该具有一体化的特征，并且，无论是在口译课程还是笔译课程中，都应该实现以学生为主体，教师为辅助的教学形式，而教学过程中的指导内容为课堂教学、重点内容为课后练习、教学技术是现代化的网络技术。

在此基础上，刘和平进一步指出，评价翻译的职业水平与译员的工作语言水平及翻译职业相关的各种因素息息相关，翻译技能训练应被放在教学的最重要位置。

在翻译教学过程中，最核心的内容是翻译能力、翻译技能以及翻译练习，所使用的教学方法一般有五种：第一种为自省式教学方法、第二种为互动式教学方法、第三种为模拟式教学方法、第四种为实战式教学方法、第五种为团队式教学方法，这五种教学方法统称为"五式"教学法，对于培养翻译人才来说，是最重要的一种教学方式。

关于译员能力的发展，研究学者王斌华将其分为三个阶段：第一个阶段为口译教学前的阶段，是主要用于提升译员的"双语能力"，储备更多的"言外知识"的阶段；第二个阶段为口译教学过程中的阶段，是主要用于学习以及掌握"口译技巧"的阶段；第三个阶段为口译教学后的阶段，是主要用于学习以及掌握"职业技能"的阶段。

针对每一个不同的阶段，王斌华设计了具有针对性的教学目标、教学内容以及教学方案。同时王斌华提出，口译教学需要分为六个重要模块：第一个模块为B语提升，第二个模块为口译技巧，第三个模块为知识专题，第四个模块为口译技能转换，第五个模块为职业实践和实务，第六个模块为口译理论研究。

近年来，通过对口译教学理念的梳理和思考，刘和平对翻译教学的理论依据、教学目标、操作程序、实现条件和教学评价做了系统介绍，指出翻译教学必须以培养职业化人才为目标，通过不同的教学模式分阶段展开。

7. 口译教材研究

口译教材研究涉及会议口译教材、同传教材的开发、口译教材与口

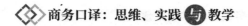

译人才培养的契合研究、构建多语种教材库的设想。

高彬、徐珺通过对 1990—2011 年我国出版的口译教材进行分类与统计，结合高校口译人才培养目标和口译教学理论，分析了口译教材类型、结构、内容等特点和演变，讨论了教材与口译人才培养体系、口译教学方法、口译形式特点、现代教学技术的契合程度，指出口译教材从形式到内容都在逐步区分于外语教材，并与各层次人才培养方案逐步契合。同时，考虑到市场的变化、口译理论的支撑和现代教学技术的发展，建议探索立体式教材形式。覃江华、黄海瑛对我国同声传译教材的出版数量、语种分布、读者层次、再版与重印情况进行了分类统计，对其编排思想与体例进行了深入分析，指出了一些普遍存在的问题，如教学理念模糊、理论与实践脱节、违背循序渐进的教学规律、多媒体资料缺乏及讲解详略失当等，并试着提出若干改进措施，以推动我国翻译教材建设和翻译专业教育的健康、可持续发展。张爱玲提出，多语种组合口译专业人才是现实需求，但相关教学点经常会受制于合适的教学训练材料的缺乏，尤其是包括中文在内的非通用语言素材。

欧盟口译司为方便使用视频类的口译素材，建立了专业的素材库，一些研究学者试着落实针对专业口译实际的系统化教学的理念，并将其作为基础，建立具有多个不同语种的、带有坡度性的视频类口译素材库，在建立的过程中借鉴了多个成功的经验，同时按照译员的技能发展规律进行，在素材库中还加入了中文的内容。无论是国际的口译教学和口译测试，还是国内的口译教学和口译测试，该素材库都解决了其对资源需求的问题。

8. 口译师资研究

虽然数量不多，但是一些学者开始关注口译教学的师资队伍建设。例如，研究学者鲍川运认为，在翻译教学的过程中，最重要的内容就是对翻译教师的培训。在翻译教学和翻译学科建设中最重要的内容是本科翻译教学活动，而该教学活动是否能成功完成的关键点就是教师。在学习翻译的过程中，最基础的阶段就是本科时期的翻译教学，也就是做好启蒙的一个重要阶段。人们对于学习往往都会忽略基础性的内容，然而事实上，越是基础的内容就越重要，因此本科阶段的翻译教学比研究生阶段的翻译教学重要得多。在培训专业的师资力量时，所使用的教学大纲可以是统一的，这样可以使整个培训过程更加的专业、系统并连续,避免浪费资源和重复培训的情况发生,又因为这样的培训具有系统性,当某一个教学的模块使用的是具有优势的教学内容,就会在整体范围内提升该优势。

任文提出,翻译教学需要更新理念,能够把握翻译教学规律,开展技能化、语境化的翻译教学活动,而非仅视翻译课程为语言教学辅助手段;实施建立在成人学习原则基础上的"培训者培训"计划是提高翻译教学队伍素质,促成教师在教学理念和行为上发生变革的有效手段。此外,还有学者从翻译教学师资面临职业化和专业化双重压力的角度,探索了师资队伍建设。韩子满指出,教师职业化和译者职业化存在矛盾:一方面,教师的职业化需要教师有出色的科研能力、教学能力和接近职业译者的翻译实践能力;另一方面,译者的职业化要求教师具备职业译者的多重素质。要解决这对矛盾,需要在师资队伍中招募职业译者,与翻译机构合作,在借用职业译者的同时增加教师的翻译实践活动。此外,教育机构可创办自己的翻译公司,为教师提供锻炼的平台,稳定师资队伍。

可以看出,本阶段的口译教学研究不仅拓宽了原有的研究内容,例如,已经开始关注口译师资的研究,而且在研究深度上有所改善,实证研究数量上升。从研究成果看,现有的针对口译教学法的研究仍没有形成有影响力的研究成果;现代技术及跨学科视角对口译教学进行研究,无疑为口译教学研究提供了崭新的视角,但同样需要深度研究,挖掘其在口译教学中的运用;口译教学理论研究初具规模,但是仍然需要相关实证研究和教学实践验证;口译教材研究和口译师资研究仍属于薄弱环节;另外,还缺乏从学生角度探索口译能力习得的研究。

（四）产出导向法理论

在如今的社会中,经济已经在全球范围内实现深度融合,各个国家的外贸活动也得到了发展,中国也不例外,这就导致社会上对于外语人才的需求越来越多,尤其是在口译方面。2018 年,设置翻译专业的学校在全国范围内已经达到了 300 所左右,同时,在翻译专业中最重要的课程就是口译课程,该课程在各类外语专业中也是最核心的课程。

口译活动一共包含两种属性内容:一种为语言技能属性,另一种为职业技能属性。现在口译课堂中所使用的教学模式依旧是传统的用于外语教学的模式，教师在教学过程中，更多时间都是在讲述理论性的知识内容，在技能训练上，做得更多的则是针对具有职业规范的文本资料等，进行理解训练、听内容的训练以及读内容的训练，在翻译的训练上还比较少。产生这种现象的一个原因在于课程安排的时间比较少，教师在课堂上没有更多的时间用于口译训练，这些内容不得不以课后作业的形式进行，但其最终呈现不出理想的效果。有的教师对教学的设计过于单一，在教学内容的安排上也不够先进，因此使口译教学达不到最佳的效果。

为了使培养的口译人才能满足社会对其的需要，就需要针对口译教学过程中的问题进行优化，包括口译教学的效率以及口译教学的方式等内容。下面通过介绍产出导向法（Production-Oriented Approach，POA），针对各类相关的研究成果，对口译教学的优化方法进行探索。

1. 产出导向法

产出导向法理论（POA）是更加适用于我国教学现状的一种教学方法，该教学方法的创始人为文秋芳教授，在理论中，她将重点放在了"学用结合"，并设置了两点教学目标：一点为学习上的"输入性学习"，另一点为运用上的"产出性运用"。创建该教学方法的主要目的在于解决教学效率低和忽视应用的问题。在该教学方法被提出后，不仅被许多教师关注，也受到许多研究学者的注意。③

产出导向法理论有三个组成部分：第一部分为教学理念，第二部分为教学假设，第三部分为教学流程。其中教学理念始终坚持以学习者为中心，将学习与应用结合起来，即学用一体，以及"全人教育"。教学假设一共有三个内容，这三个内容是针对三个教学流程所提出的：在教学的驱动环节（Motivating）其针对的假设内容为输出驱动假设；在教学的促成环节（Enabling）其针对的假设内容有两个，一个为输入促成假设，另一个为选择学习假设；在教学的评价环节（Assessing）其针对的假设内容为以评促学假设。④

产出导向法理论认为，在整个教学过程中教师所起到的作用是主导，学生学习的积极性、学生产出任务能否完成，都需要靠教师来调动和保障。在整个教学过程中，教师承担的角色有很多种，面对课堂任务，教师的角色是支持者以及帮助者；面对课程教学活动，教师既需要担任设计者的角色，还需要担任组织者的角色，既需要担任引领者的角色还需要担任指挥者的角色。

2. 产出导向法理论的应用

一般的高校都会为拥有一定英语水平的学生在大二的时候开设口译课程。从文秋芳的观点来看，想要让学生在这个时候能积极地学习，就需要让学生在学习的过程中找到自己不会的知识点，让学生自己产生解决知识盲点的欲望。在使用产出导向法的教学活动中，重视对产出任务的设计，并要求其"具有交际价值"，所使用的设计通常为驱动任务设计，该设计的主要目的就是让学生积极学习，产生求知的欲望，其设计的内容主要为口译环境，通过模拟和创造口译的环境，让学生在此环境中完成口译活动，并明白自己所学习内容的实用性。

在口译课堂中，提升教学效率最有效的办法是应用"学习中心"的教学理念以及"学用一体"的教学理念，在这样的课堂中，学生掌握口译技能的办法是通过完成具有多项任务的口译活动来实现的。

使用产出导向法的教学活动，其教学环节为三个部分，先是驱动环节，再是促成环节，最后是评价环节，口译活动中的任务内容因不同的教学环节被分成了多个小任务，并且在不同的阶段所使用的口译技能也是不同的，同时每一个环节的任务都是根据所使用的技能进行设计与实施的，再做出针对性的评价。最终使教学的流程呈现出先进行"促成性"的输入，再进行"选择性"的学习，最后完成"产出性"任务。学生接受的知识是一个内化的行为，产出的知识是一个外化的行为，而上述的过程就是帮助学生由内化转变为外化，让学生的实践技能得到训练。

除此之外，在教学过程中教师的作用是主导以及中介，在学生进行教学任务时，教师需要充分发挥自己的作用以鼓励学生完成任务，并建立对自己的信心和缓解心中的焦虑。

针对传统的教学模式，使用产出导向法理论可以将其中的问题进行优化。传统的"以教师为中心"的教学理念已经不适用于当今的任何课堂，但是它依旧有其自身的可供借鉴的特点，而使用产出导向法的教学模式就是在坚持"以学习者为中心"的同时，借鉴"以教师为中心"的长处特征，并将两种教学模式中的缺点都摒弃。

使用"以学习者为中心"的教学模式，需要教师有着更高的教学水平，因为教师在这样的教学课堂中不仅是课堂的设计者，也是学生的协助者，还是课堂的管理者，要求教师在课堂教学的过程中充分发挥其主导作用。在学习的过程中，学生始终处于主体地位，教师面对学生主体需要做到尊重和认可，让学生能够自主学习。在设计教学的过程中，也要将学习环境纳入设计范围之内，让学习活动的内因充分地同外因结合起来。

在商务英语专业的翻译课堂中，对于教学目标的设计分成了多个小目标。这符合产出导向法的教学模式，每一个小目标都由三个环节组成一个小循环，当循环结束后，就完成了一个小的教学任务，每一个小循环之间都存在一定的联系，这些循环又在一起组成一个大循环，而完整的教学任务就在大循环完成时结束。在这个过程中最重要的内容是教师与学生之间的互动与谈论，并且教师依旧处于主导地位，学生依旧处于主体地位。

举个例子来说明，当一个课程的主题为"翻译某件商品说明书中的内容"，其中的一个小循环的内容就是对说明书中的语言特点进行了解，这也是该教学过程中的一个小目标。

按照产出导向法的教学模式，教学过程中的第一个环节是输出驱动环节，在该环节中，商品的说明书需要由教师展示给学生，学生在被分组之后可以进行讨论，也可以进行试译，当组内活动结束后，教师可以挑选组内代表展示本组的译文内容，这个时候其他组的学生可以对其进行评价，在表明不足之处的同时，需要讲述说明书中所蕴含的各类语言特点。学生在这个过程中不仅会产生学习的欲望还会产生完成任务的欲望，因为教师所提出的问题都是比较简单的，是生活中常见的一些问题，在经过组内的探讨之后，如果有学生不满意答案，他们就会自己对答案进行探索。

第二个环节为输入促成环节，在这个环节中，教师可以收集更多不同类型的说明书，通过多媒体等方式向学生展示出来，并组织学生继续进行组内研究，寻找这些说明书中所使用的语言特点。在结束小组活动，并对语言特定进行总结时，教师可以同学生一起进行探讨和研究。在将这些特点总结完成后，需要学生对他们的译文进行修改并展示出来。因此，在该环节中，为了达到较好的效果，需要学生对自己译文的不足之处有明确的认识，并能将这些地方进行改正，最终实现"在学中用，在用中学"。

最后一个环节是评价环节，在该环节中，一共有两种评价：一种是由学生进行的评价，该评价活动主要存在于学生学习的过程中，包括小组互评以及学生自评两种；另一种是教师进行的评价，包括即时评价和延时评价两种，其中延时评价的内容是学生课后练习的内容。无论是上述的哪一种评价方式，都需要得到教师专业的指导。评价活动和学习活动之间的联系是紧密的，它们都属于教学过程中的一部分内容，并且，评价活动是可以和学习活动同时进行的，这样有助于及时获得学生在学习过程中的状态，获得学生对于学习内容的反馈，从而对教学的内容进行调整。

第二节　商务口译课堂教学的构建

一、教学条件

教学条件所包含的内容一共有三个：学生、师资以及教学资源，其中教学资源包括教学所用的设备和文本材料等内容。完备的教学条件会让教学活动开展得更顺利，在制订教学方法和教材时，也需要依据教学条件来进行，由此可认为教学条件是教学实施的客观限制因素。

（一）学生

在口译教学的过程中，在学生身上最重要的一个因素就是素质，这里说的素质既指学生的人格特质，还指学生的各项能力，包括学生的语文能力、学生的认知能力以及学生的分析能力。

语文能力指的是学生的听、说、读、写的水平需要和以其为母语的人在高中以上的水平相同，母语则需要拥有大学毕业生的水平。学生的语言运用能力最好能达到使用母语的水平。但母语的水平通常都比较高，在学习外语时，其语言能力可以稍微低于上述的标准。

因此，译研所要求英文的托福成绩达到 600 分才受理报名，也就是希望能够挑选语文方面没有太大困难的学生入学。

然而，自 1988 年迄今，在中英文组未能通过专业考试的学生中，外语无法达到会议口译所要求的水平是其中最主要的原因。事实上，已经有一些学生通过了这个外语的瓶颈，圆满完成了口译的任务。由这一点来看，欧洲的口译教学传统上往往强调不教外语，甚至有意忽略外语而集中致力于口译技术的教学原则,在国内施行其实是有相当难度的。未来,在口译课程中,对于双语言的对比分析应当酌量加重,引导学生对于口译所需的言谈特质有相当程度的了解,并进而娴熟运用,才是符合现实需求的口译教学方针。

在口译工作中,对于译员的人格特质也是具有一定要求的,而在培养学生译员的时候就需要注意他们身上的这种人格特质。因为口译工作具有一定的难度且经常会发生突发情况,因此,学生首先要具备的特质就是应变能力强,其次要具有不怕困难和勇于奋斗的特质,最后需要有稳定的情绪,在遇到问题时不能混乱,一定要具有毅力。

口译训练期间长达二至三年,尽管教学双方都投入了大量的心力,若无法在选拔人才时洞察其性格与人格特质,则珍贵的教学资源将很可能因此浪费。因此,如何在入学口试中设计出有效的测试方法,甚或在研一与研二之间以严格的升级考试淘汰并不适合的人选,应该是今后发展译研所必须考量并严格实施的教育制度。毕竟,选拔人才并不是凭几分钟的测试就有可能彻底了解的,时间的验证也是不可或缺的。事实上,包含意大利(该国宪法规定不能以考试的方式阻挡学子入学的权利)在内,已有许多欧洲学校采取入学后一年或半年进行淘汰的教学制度。然而,此法若是过于泛滥,也同样造成沉重的教学负担,也使得原本优秀的学生在学习上受到"劣币驱逐良币"的困扰与压力。

学生的认知能力包括学生的注意力、学生的联想力、学生的反应力以及学生的模仿力,这些能力在口译活动中都能凸显出学生在一瞬间所产生的学习能力的水平。在口译活动中时有突发情况发生,译员通常都需要面对一种未知的状况,想要在这种状况下出色地完成口译任务,就需要译员能灵活运用其认知能力,可以在口译现场中通过观察周围的环境气氛、细小的变化以及一些暗示等,对接下来的表达内容进行预测。所以译员行动力、快速的感受能力、敏锐的观察能力和准确的判断能力都是他们必备的特征。

译员在口译活动中,需要具备的最重要的能力就是逻辑判断能力和分析能力。作为一名译员,如果其语言能力水准不高,但有较强的逻辑判断能力和分析能力,在多加练习之后其口译的水平也会有所提升;如果其语言能力水准较好,但没有逻辑判断能力和分析能力,经过再多的练习,也没有办法出色地完成口译任务。

译员所做的口译内容包含多个不同发言人的思想,而每一个人的思维逻辑都是不同的,所表现出来的就是发言人语言表达模式不同。译员判断逻辑的能力和分析意义的能力并不是通过训练就能有所提高的,因为口译活动所包含的情景内容太多,不是通过简单的口译训练就能表现出来的。有一些学生在思考分析上存在一定的局限性,而这类学生在执行口译任务时往往不能很好地完成,为了避免这种情况的发生,学校和教师需要慎重地挑选合适的学生开展教学活动。

(二)师资

在教学过程中,第二个比较重要的因素就是教师。在教学开始之前挑选学生,是为了找到更适合口译环境的学生进行培养,而在教学过程中,为学生创造口译环境的人就是教师。在介绍师资相关内容之前,最需要了解的内容是口译教学的特质。

译员的口译过程实际上就是综合应用知识内容、语言以及口译技巧的过程,并且在口译现场中能够证明译员是否已经完全掌握了口译的技巧,放在口译的教学活动中,为了让学生所掌握的口译技巧能够得到充分练习,就需要构造出一个极其逼真的口译现场。

在这个过程中,教师需要对口译的各个环节都有详细的了解,需要预测出在真正的口译过程中可能会出现什么样的困难,并针对各种困难提出不同的解决办法,如果有为学生示范的能力更好。有一些得到验证的实验研究结果可以应用在口译教学的过程中,为学生讲明具有条理化特性的口译原则以及口译通则。

教师想要满足上述内容就需要有以下几个特征:第一,教师需要拥有足够的口译实务经验,最起码需要有能够建设逼真的口译场景的能力,让学生感觉自己处于更真实的口译现场。教师的教学过程就是转移口译经验的过程,实现这个过程的最佳办法是让教师将自己所经历过的口译任务作为教学资源教授给学生。第二,教师需要有自我反省和自我修正的能力,为学生教学的过程,也是教师重新审视自己口译经验的过程,在这个过程中,如果教师能做到自我反省和自我修正,就能使其拥有的口译技巧再次得到提升。第三,教师需要拥有归纳和整理口译技巧的能力,在这个过程中再加入一些相关的理论内容,就会将原有的口译理论内容变得更充实。

在语言组合方面,为了避免教师在译入语的表达与词汇上受到限

制,辅大译研所采取了教师仅指导译入自己母语方向的口译课程,除非是真正双母语的教师才不受此限制。当然,这样的教学方针会造成教学成本大幅上扬,而教学效果自然也远超过不区分教师语言组合的口译教学方式,也是比较谨慎的做法。

(三)教学资源

教学资源所包含内容有教室、文本材料以及教学用具等,其中教室指的是用于口译训练的教室,能开展同步口译演练、逐步口译演练以及视译演练等活动。人们对口译教室的基本要求为,班中的人数如果不到10人,则需要有一部主机、六部翻译员机、一部主席机、不少于二十部的出席机、一部三维投影机、一部口译箱内录音设备、一部多轨录音机(通常为八轨)。关于教室的硬件设施,口译教室需要拥有会议室的形态,并且在教室的两侧需要有口译箱(booth),其容量为不少于两人,数量为五间或六间。

口译教室可用于让学生练习口译活动、指导学生口译活动以及仿真会议口译活动,因此,在针对硬件设施和教学用具时,要能够满足会议口译现场,并凸显出口译功能,形成一个完备的口译教室。

以此标准检视目前许多口译教学机构可以发现,未能洞察口译教学特质或受限经费以致因陋就简的学校可以说比比皆是。

二、教学目标与课程架构

(一)教学目标

辅大译研所的教学目标与方向,在口译组是会议口译;笔译组是专业笔译,让学生能译一般性的笔译文章及专业的笔译,如文学、科技、法律笔译。课程目标在使学生毕业后能成为专业会议口译员或专业笔译员。学生毕业后能马上投入实务工作,任何文章接下来后,可确保不致失败或有重大失误发生。因此学生毕业时,学校会结合认证及职业辅导大约一年,然后,再将辅导的心得回馈到教学设计上。

（二）课程架构

1.核心课程与周边课程的定位

口译课程规划中,笔者试将属于口译技巧演练的部分称为"核心课程"。而涉及语言、知识的部分,则视为辅助性的"周边课程"。口译课程的目的在于培养学生口译技巧相关知识及双语运用能力。因此,核心课程与周边课程的规划意义在于将课程间做一横向联系,使得口译的演练与知识的扩增能同时进行,并且得以适度重复、彼此支持。此外,在口语之外也强调文字的精练,因此,口译组学生也必须修习"一般笔译"的课程,笔译对于口译组学生的训练意义也可以视为周边课程的一环。

2.基础课程与进阶课程的定位

针对口译核心课程与周边课程的概念,就口译技巧的难易度、口译员知识库的建立以及语文能力的提高,以纵向方式循序推进、有效衔接。而此课程规划就以基础课程与进阶课程两阶段目标定位的方式进行。其中基础课程所教授的口译技巧主要为基础且重复性较高的技巧,所教授的相关知识主要为一般常识范畴内的知识内容,所培养的口语能力主要为建立口语传播的概念;而进阶课程所教授的口译技巧主要为现场口译的实务技巧,以及这种技巧的应用,所教授的相关知识主要为专业性范畴内的知识,所培养的口语能力主要为应用双语传播专业知识,并与口译实务相结合。

三、教学内容与课程功能

教学内容基本上依口译的形式可以区分为:"视译""交替传译""同声传译"。三者在传输信息媒介上的最大差异是,"视译"是通过译者手中的书面文件转而译为口语的形式;而"交替传译"则完全是依靠倾听与观察讲者的言谈,继而通过译者的分析以口语方式传达;至于"同声传译"则是由译者边听(同时也观察讲者)边译,译者一方面受到翻译时间的限制,另一方面在传送口译时,也只能依赖译者的声音表达(听众可以与交替传译者有互动关系,但往往看不到同声传译员而只是通过耳机听到口译,因此,同声传译时,译者受到了时间与传输媒体双重的限制)。

再者,三科目实际上课时的进程也略有不同。其中,"视译"课是译研所口译课程中唯一一个完整上四学期的科目,也是最早开始的。其次,则是"交替传译"课。这门课开始于"口译入门"之后,也就是在第一学期进行一半之后(第八周起),才开始起步。然而,这并不意味其课程功能稍逊于"视译"课。事实上,第一学期上课时数为每周两小时,和"视译"课总时数是相同的。晚起步的原因是因为要将该科目困难度,借着"口译入门"的热身训练有效化解掉一部分才有此安排的。基于相同的原因,"同声传译"的推进就又比"交替传译"再晚一程,直到第二学期才开始。因此,从口译所需的技巧难易程度研判,上述三门课程在口译技巧上的学习困难程度与进程顺序,应该是正好相反(由浅入深)。

　　然而,若由口译所需的知识与语言方面分析,三门课程的关系似乎又不尽相同。在加强特定知识领域的学习上,"视译"课无论在教材搜寻与呈现上(能让学生"眼见"文稿,较便于讨论与事后复习),都相对比较容易达成其教学功能。此外,在语言方面,"视译"课所提供的讲稿,也是比较容易帮助学生熟悉双语"言谈类型"、建立双语常套句词库的学习方式。

　　以下,将逐个探讨上述三科目如何规划出一系列"有计划的学习经验",将学科知识、技能与语言特质具体地以课程标准、教学目标、课程进度、学习评鉴等方式实现于课程规划(curriculum planning)之中。

(一)"视译"

　　依照前述"视译"的特质分析,"视译"课程的功能可以定位在:扩充知识领域;熟习双语言的言谈类型与常套句;培养文稿断词(segmentation)技巧。有关前两项——"扩充知识领域"与"熟习语言类型",其实是所有口译活动的基础,然而在奠定口译基本技巧的阶段,"视译"课由于是通过文稿学习,比起"交替传译"或"同声传译"都要来得容易一些,因此也更适合借这门课引进相关的知识或学习有固定格式的常套语句。所以,以基础课程为例,"视译"在传授知识与语言方面,就应比其他科目附带较重的任务,而其他科目所出现的知识领域和语言的难易程度,也最好不要超过"视译",以免学生无法专注于口译技巧的学习。

　　另外,"视译"本身也有一项重要的"断词"的技术需要学习,无论对于"视译"或是进阶阶段的"有稿同声传译"这都是非常重要的口译基本技巧。有关口译中断词技巧的基本原则,在《通译理论研究》一书中有所指出,表明除了针对专用词(如人名、书名、机关名)、外来语、复合词等语意多重或语意模糊的成分,必须先以斜线区隔以利醒目之外,还必须对于"名词修饰句""副词修饰句"以及"包孕句"(embedding sentence)等结构复杂的句式订定断词的先后顺序,将口语"副词修饰句"或是主要名词的修饰成分先行译出,以符合中文的词序。此外,对于断句之后的短句子之间,也提出应以连词、副词词组或指示词衔接,以连贯说话的逻辑或补足原文句法省略之处。

"视译"课无论在技巧、知识、语言三方面都负有极重要的教学任务。课程将口译所需的相关知识、语言与口译技巧在基础与进阶两阶段共四学期的期间内有效地达成教学目标,可以说是硕士班口译课程规划上非常关键的科目。首先,针对第一年基础阶段所需的知识、语言与口译技巧应达到何种程度的水平,必须要有一个具体的目标。此阶段的知识范畴应限定于"一般常识范畴的知识",而语言方面则定为"有效的口语传播"的水准。至于口译技巧方面,则以"基础且重复性高的技巧"为目标。以下就上述三项课程目标,进一步深入探讨如何以具体的教材、授课方法与课程进度推进该科目的课程目标。

在教材方面,可以分为题材、语言风格、难易程度等方面来讨论。在题材选择上,由于是第一个口译训练科目,学生在双语言的转换上,或多或少会面临一定的困难,所以一开始未必需要积极进入过多的特定知识内容。例如,会议的简介、开幕词、司仪的文稿等,既能兼顾会议语言格式又能兼及某一特定的知识领域,就可以说是理想的入门教材了。由这样的教材中,教学双方可以探讨会议的语言特质,口语而又略具书面语言风格的表达方式应如何呈现;学生可以通过双方向的"视译"教学,熟习两种语言版本的范例,通过模仿与口译的演练达成学习目标。至于在难易程度方面,一开始最好能避免过多的专有名词或专用词,以免教师耗费相当时间在解释知识背景上,而耽误了其他教学项目。

由于所有的口译训练基本上都必须建立在"模仿真实的口译现场"这个基础之上,因此,教材选定的原则是:来源必须真实。所以,如何从真正发生过的会议中找寻一系列由浅入深的学期教材,除了教师手中握有相当的会议讲稿之外,了解学生在知识与语言方面的程度,并应确知如何导引与扩张学生的能力,才是选取教材的重要原则。

此外,在配合口译技巧的授课方法方面,每次上课应以"一次一项"为原则。换句话说,即使教材内容可以教导许多口译技巧,但还是应以每次训练一项口译技巧为原则。而且,如果该项口译技巧学生无法在一次课堂中吸收,就有必要在下一次课堂上继续列入观察项目,或继续使用该教材,以便观察其学习成效。所以,教材内容稍长而无法一次上完的材料,可以作为作业或列为下次上课之用。口译教材的选取或运用其实是有极大弹性的,毕竟教学的主体是学生,若是学生不能进步,就只有在教材与教学方式上随时调整,以求良好的教学成效。

有关课程进度的实施,若就口译技巧、语言、知识三者考量其重要性,口译技巧无疑是最重要的,因为有关"视译"的技巧没有其他科目能够取代。所以,以技巧为轴心推进课程进度,继而配合语言、知识的顺序适当地编入教材应是理想的导引方式。"视译"课在基础阶段所强调的是"基础且重复性高的口译技巧",具体应包含下列项目。

(1)将书面语言转为口语陈述的断词技巧(如划斜线表示分隔信息,以底线表示并列的信息,以划圈表示专用词)。

(2)将书面语言转为口语陈述的信息补充技巧(书面语言中未必需要的逻辑衔接在口语中由于是线性表达的方式,故需加上适当的连词、副词词组、指示词等衔接说话的逻辑)。

(3)定位叙述观点(口译者必须成为文稿的代言人,故应将自己的叙述观点依照文稿的意向先行定位,以免失真)。

(4)控制叙述节奏(文稿是没有标示节奏的,口译者必须依照会议的形式与风格,研判文稿的语气与段落结构做决定。没有节奏感的口译是无法令人专心倾听的)。

(5)复杂句式的断词顺序与衔接技巧(针对"名词修饰句""副词修饰句"以及"包孕句"等结构复杂的句式)。

(6)以语意明确为目的的信息补足技巧(针对语意不明确的说法,考量译入语的需求,以补充主词、加入受词,或简单说明背景的方式以使语意明确)。

(7)配合肢体语言(口译者的基本任务是沟通,所以口译时应配合眼神或适当的肢体语言传递信息)。

(8)自然易懂的口语表达方式(口译若无法以一听即知的方式表达就会造成理解上的障碍,但又因受到时间的限制,故对于常用的概念应研拟出一套应对的口语表达策略,以争取时间而又自然易懂)。

在语言方面,熟习口译时经常需要的典礼致辞、会议司仪、专题演讲、提问、报告等口语表达方式是不可或缺的语言训练。除了上述言谈情境的语言风格、用词、常套句之外,如何以自然、富于节奏感、易懂、流畅的方式呈现是专业口译员应当具备的专业素养。因此,训练过程中如何配合上述目标选择适当的教材,并依照学生的课堂表现逐步要求口译所需的口语表达方式,更是口译教师的重要教学任务。

在知识领域的进程方面,可以利用"视译"与"交替传译"课进程上的落差(前 8 周),将与语言有关的部分先编入教材,其次再配合"交替传译"开始的阶段(后 8 周),将文化、社会、教育、产业、经济等知识领域依照学生熟悉程度与教材的难易情形安排在课程进度中,并随时观察学生吸收的情形,再适度调整教材分量。为了不造成学生在进入新的知识领域时的学习负担,"视译"与"交替传译"课的知识领域应当一致,而且在进度上"视译"不应落后于"交替传译",才能发挥"视译"在知识导引上先于其他科目的教学功能。根据译研所近年的实际经验,若是能与另一语言方向的"视译"教师采取一致的步调,指导相同的知识领域,学习成效更佳。

最后,在教学评价方面,可以分为平时的测试与学期考试两项来谈。平时的测试主要目的在于确认学生的学习成果,故无须宣布,只要做成对于下一堂上课有用的结论以及了解学生学习困难何在即可。在形式上,也只需依照一般上课的方式进行就可以了。而学期测验的方式,则采取双语言方向、所有口译课教师共同评定的方式,换言之,口译的教学虽以不同科目、每堂课仅进行一项口译技巧的渐进式教学方式,然而最终的要求则是口译各种技能的整体综合表现。

（二）"交替传译"

美国加州的蒙特利国际学院（MIIS）已经大幅减少了"视译"课的授课时数,理由是他们不认为"视译"在实际的口译工作中具有特别重要的应用价值。但是相较于他们过去在考试上对于"视译"重视的程度相比,相信此决定一定是经过了内部讨论后的结果。姑且不论 MIIS 的观点如何,但 MIIS 的这项改变也说明了从口译实务工作的角度来看,"视译"的口译技巧成分是比较不显著的。相对于此,"交替传译"的特点则是依靠倾听与观察讲者的言谈,通过译者的分析,再以口语方式传达,是一种技巧性极高的口译。而且听众可以感受到口译者的存在,并与译者保持一定程度的互动关系。因此,倾听、分析、传达可以说是"交替传译"中最重要的口译技巧。如何以适当的教材、教学方法与课程进度显现于课程设计,就是口译教学的重要挑战。至于相关的知识领域则如前面所提到的,应以配合"视译"为原则。

以下分别就口译技巧与语言能力的加强,探讨"交替传译"课的具体课程设计。首先在教学目标方面,针对"交替传译"时"耳听口说"的特质,学会如何倾听与分析信息内容以及在口语上如何准确地听取与传达,可以说是这门课程中最重要的学习目标。而上述目标其实也包含了对于口译技巧与语言两方面的要求。

"交替传译"所要求的"倾听、分析、传达"的思考过程,其实与一般人倾听他人谈话的经验极不相同,也可以说是极为复杂而困难的思考过程。"交替传译"课要求的是"耳听口说",也就是说,要译者以完全不依赖文稿或是脱离文稿的方式,专注于倾听并分析其信息后,再以口头传递的方式表达出来。这种思考方式其实是非常不寻常的,因此教师有责任将这种特殊而紧密的信息接收、分析、储存、传递过程,尽可能地做全面而具体的描述,以便学生能够了解何以必须如此仔细倾听并分析、储存信息,进而准确地动用"笔记"等工具,以"固定"其分析结果。在进行"倾听、分析、传达"的过程中,了解以下三项内容是有帮助的。

1. "交替传译"的言谈形态分析

对于言谈的固定格式(如典礼致辞)或段落发展、功能属性(如属于"情感诉求"或"信息传达"的功能),若能"预知"当然有助于准确地倾听与判断、分析。

2. "交替传译"笔记的功能、方法与策略

有效的笔记方法有助于口译者以最精简的方式得到最佳的分析结果。而了解笔记的功能,也能帮助译者判断何时应多借助笔记(如数字、专用词等较难以一般逻辑推断的信息)以及何种情况之下不应过于依赖笔记(在听取一段故事性或概念性较强的信息时,应专注于倾听而不必拘泥于枝节的记录上)。

3. "交替传译"的技巧与策略

口译的过程往往需要一些能减轻口译者负担的口译方法(也就是口译技巧)以及应对口译在临场应变时候的措施或诀窍(此点可称之为口

译策略)。

上述三项内容中,前两项基本上都可以以教师讲授并配合视频及教师示范的方式授课,约 6～8 小时即可完成。如上所述,在口译类型上,将口译内容先区分为"情感诉求型"与"信息提供型",并就两者的信息表达形态的异同以及口译上应有的策略、笔记的方法等,借由录像带的方式介绍与说明。接下来,就可以不记笔记的"情感诉求型"的口译型试行演练并由教师示范(该录像带内即录有教师所做的交替传译实况)、讲评。

至于需要笔记的"信息提供型"言谈,也经由录像带方式先介绍其言谈特质,再由师生一起观看录像带并做笔记,然后由学生进行交替传译之后,教师可当场示范口译且出示自己的笔记与学生对照,必要时也可以影印给学生参考,以便具体了解教师在运用笔记的纸面、符号的组合与段落的划分上有何长处值得学习。

通过此学习仿真的过程之后,大部分的口译技巧可以总结为以下三个方面:信息接收,即如何专注吸收信息、累积并应用知识以及听出言外之意。信息分析,即如何笔记、区分段落、掌握关键信息。信息产出,即如何决定叙述观点、如何明确表达、控制节奏、补充信息、沟通听众。

上述三项目的教学顺序必须依照信息"倾听、分析、传达"的过程逐步推进,但费时最多的还是"信息产出"的过程。大致说来,第一学年的教学重心还是较偏重在信息的接收与分析上,到第二学年则明显地朝向"信息产出"的方向努力。

在信息的"产出"上最为困难的包括五点:第一点为叙述观点:当译者与讲者国籍或立场不同时应及时转换思考坐标。配合影像译出时译者应归纳讲者的叙述而非"照本宣科"。第二点为表达明确:应多用实词,避免使用语意模糊的虚词或指示代名词,如"这个""这样"。第三点为区分段落:每一段落起头要分明,可用连词、副词词组等串联。需要注意的是每一段落结束之前应有小结论。第四点为控制节奏:避免中断、同词或同义的内容重复。需要注意的是,听众若须记录讲者的内容,译者应配合放缓口译的速度,并保持均等的口译节奏,切勿忽快忽慢,或长时间停顿。第五点为补充信息:以讲者立场未必需要的信息,但对于听众而言有必要加以说明的内容,十分需要译者主动发现并适时补足。特别是句子的主词、谈话的主题、逻辑的转折均需加以填补。

针对上述各项技巧,教师可以利用第二学年的一年时间,在不同的

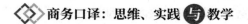

教材与谈话类型中加以反复演练并随时提醒注意，必要时由教师亲自示范，以达成教学目标所设定的口译水准。

（三）"同声传译"

"同声传译"课程除了设在第二学期译入母语的"基础同声传译"课之外，主要都置于第二学年，分别有"进阶同声传译"与"有稿同声传译"两种。每门都以双语方向（由不同母语的教师担任）教授，由于同声传译课程在演练之后还要将学生的口译录音重现以便讲评，这两门课费时较多，所以一律采取隔周上课、一次两小时的方式进行。

译入母语的"基础同声传译"课程，有可能是译入中文，也可能译入其他语言。就整体的口译课程设计着眼，"基础同声传译"课的定位，应将重点置于同声传译基本技巧的奠定。所谓的基本技巧就是指同声传译时最常使用的口译策略、方法与原则。就入门阶段而言，最重要的口译技巧就是在半个句子的时间之内，灵敏而正确地听取与传达信息内容。其诀窍就在于"熟练"，而且要练到"熟能生巧"的境地。语言与相关知识在这一阶段都可以稍微让步，以先求同声传译技巧的纯熟。

至于第二学年的"进阶同声传译"与"有稿同声传译"，两门课基本上都是"基础同声传译"课的延伸，两科目之间也有许多背景相近之处可以作为重复演练之用。但是又因为一者有稿、一者无稿，在口译技巧上毕竟还是有其相异之处。因此，就两者在译前准备与口译技巧上的相异之处，先行探讨其教学意义上的不同。

1. 译前准备

附文稿的同声传译可在事前将稿件上的专有名词、难译的复合名词、外来语以及并列的信息加以标示或译出，同时可以事前确认讲者说话的方式，了解必要的知识背景。然而，这些准备工作在无稿的同声传译情况下，则只能就相关资料研判做笼统的准备，而无法精准地进行译前的准备工作。

2. 口译技巧

"有稿同声传译"：正因为有稿件的关系，如何在口译时配合听众手上的稿件做说明，反而成为译者必须留意的问题。换句话说，译者除了要顾及听众的"听取频道"之外，还要考虑到利用其"视觉频道"增加听众理解的层面与方便。此外，原本以书面语言写成的稿件中，若有同音异义的词也应该避免,宜改用口语且听来不易误解的表达方式说明。另外,口译当中如果发生讲者不依照文稿宣读或是摆脱文稿的情况时,译者必须立即丢开稿件,采取无稿同声传译的方式口译。而实际上,口译进行的时候多种口译技巧并进或中途采取完全不同的口译技巧是极其常见的。所以,有稿同声传译在口译技巧上更需要演练至炉火纯青才能得以施展开来,否则文稿反而成为译者无法流畅地进行同声传译的绊脚石。

"无稿同声传译":无稿的同声传译有三项背景因素,值得在教学上多加设计、反复演练。

第一项为信息掌握不易:无稿的同声传译信息预测困难、信息量往往突然加大(讲者突然提高说话速度或是连续提出并列的高密度信息),或者译出语的信息复杂程度大过于译入语(译出语必须费力解释才能传达某一概念时)。因此,译者必须不断过滤信息,削减不必要的冗词,使用最精简有效的方式传达信息。

第二项为仅能依赖耳听口说的传讯方式:同声传译的译者受此限制,必须多用实词、避免虚词,以免产生语意模糊的情形。此外,在口语传达的技巧上,也应多用停顿、声调、说话速度等显示段落或逻辑的转折或是运用连词、副词词组、指示词等明确地将句子之间的逻辑加以衔接,以免听众听起来过于吃力。

第三项为时间压力过大:同声传译时,在有限的时间之内(不超过一个句子)必须处理大量的信息,因此,对于哪些是不能遗漏的信息应先有所认识。换言之,在有限的时间内,注意力应集中于哪些信息必须面临选择。以重要性而言,谈话主题、专有名词、数字(含单位、年代、币别等)、人名(含职衔、位阶)是不能模糊不清的。所以,译者的注意力必须极为集中(若实在无法集中,只有依靠合作伙伴代为笔记,分担部分的信息分析工作),全力紧跟上述信息,口译速度也要加快,以免漏失重要信息。当然,这样的时间压力使得口译者很容易疲累,所以高密度的同声传译最多以 15 分钟为限。上课时即使采用的教材说话速度不快,每次演练也最好不要超过 20 分钟,以免学生无法集中注意力。

两门课的共同点就是上述无稿同声传译中所提到的三个重点,因为有稿件的同声传译随时会转变为无稿件的翻译。一般而言,无稿的同声传译由于经过译者过滤信息,往往听起来比有稿同声传译自然、流畅(这是分辨同声传译技巧高下时重要的评定指针)。也由于译者的注意

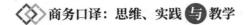

力无须做过于分散的分配,也就更能专注于信息的分析,只要讲者信息量适度、说话速度适中,反而较能愉快胜任。因此,在教学进程中能否控制教材的信息量(意指知识领域不过于分散、说话速度适中、信息密度由低而高),就是无稿同声传译教学上重要的考量因素。而口译技巧的教授则只能依照教材特性随机发挥了。

四、核心课程的规划

(一)核心课程的意义与教学内容

口译核心课程就是循序培养口译技巧、相关知识、双语运用能力的系统化教学过程。课程内容通过演练—仿真—实务的方式达成学习目标。就口译技术层面而言,还涵盖下列课程与训练项目:口译入门(intro),其基础课程训练项目包括言谈分析、信息听取技巧、信息处理策略以及口语传达技巧,没有进阶课程训练项目;视译(ST),其基础课程训练项目包括语篇分析、断词技巧、句间连接技巧以及口语传达技巧,其进阶课程训练项目包括译前准备方法、扩增知识领域、断词断句、信息补充以及眼神传递;交替传译(CI),其基础课程训练项目包括信息分析、笔记技巧、段落处理、句间连接以及口语传达技巧,其进阶课程训练项目包括译前准备、扩增知识领域、长段落处理以及肢体语言;同声传译(SI),其基础课程训练项目包括分析口语信息特质、信息筛检、听说同时以及传达精练口语词汇,其进阶课程训练项目包括译前准备、扩增知识领域、信息预测以及信息补充;同步带稿(STX),其进阶课程训练项目包括译前准备、扩增知识领域、断词断句、信息补充以及临场应变技巧,没有基础课程训练项目。

口译的核心课程可依教学顺序分为基础和进阶两个阶段。

1.基础课程

"基础课程"是指口译组研一阶段,为期一学年的技术性课程。

(1)口译入门

这门课以单语言授课。以英文组为例,教学的首要目标是希望学生在中文与英文课程都分别开始学习如何听话,以及听出重点。外语系、所的教学往往重视视觉上的阅读、写作,但是耳听与口说往往用得太少。所以一开始只教单语言的课程,目的就是降低难度,让学生打开耳朵的频道,学会如何听话。

事实上,口译并未要求译出所有的情境与言谈类型,因为我们只在公开演讲、典礼致辞或教学课程等语境下口译,所以只需针对这几种特定的言谈类型,分析其固定格式。如果这些分析能使学生具有预测言谈的能力,对于提升听力是有助益的。由于不是所有的情况都必须口译,所以也有必要安排一些事实上不适合口译的言谈形式(如笑话、文学作品、经典等)。这门课可以事前告诉学口译的学生,哪些情况可译或不可译。教师可以针对"可译"的成分,提出口译的原则与方法,而对于"不可译"的成分,提出口译策略加以应对。

这门课会分析不同的言谈类型,比如典礼致辞的起承转合以及演讲、研讨会等,并且以录像带或教师现场示范的方式让学生认知、仿真实践会发生的情境,最后再让学生将自己听到的内容说出来。一个口译员必须是一个很好的沟通者,如何准确地听出言谈的逻辑转折与条理,然后有效地传达其内容,这就是"口译入门"课的目的。因此,课堂上传讯的媒介、方式都是希望学生能够即席做到耳闻、口传。不过为了降低难度,在这个阶段可采取将听、说分离教学的方式,如表6-2所示。

表6-2 基础课程教学

基础课程	语言情况	传讯媒介	传讯方式	传讯渠道	传讯条件	信息密度
口译入门	单语言传达	语言—语言	耳闻—口传	听说分离	A, B-, C-	低
基础视译	双语言互译	文字—语音	阅读—口传	听说分离	A-, B, C-	低
基础逐步口译(中国台湾用语)	双语言互译	语言—语言	耳闻—口传	听说分离	A, B, C	低
基础同步口译	至母语方向之单向口译	语言—语言	耳闻—口传	听说同时	A+, B+, C+	低
A:对敏锐倾听的要求;B:对流畅口传的要求;C:对信息迅捷分析的要求。						

依上表显示,传讯条件包括:对敏锐倾听的要求、对流畅口传的要求,即基于一次只给一项目标的原则,对流畅口传的要求,要比倾听来得低一点。因为一开始就给两个或三个困难时,学生会顾此失彼以致无法往前推进。对于信息迅捷分析的要求,即一个学生是否能够成为口译员,最重要的是具备分析能力,所以,即使学生两种语言都很好,但分析能力不够的话,就无法适应每个讲者不同的思考逻辑,因此课程也永无法满足分析的广泛与多样性。

（2）基础视译

"视译"课是和"口译入门"课同时开始的。但不同的是,视译课是双语言方向;外语译到母语和母语译到外语。传讯的媒介是从文字到语音。也就是让学生看到文字的同时,在思考上脱离文字,力求说出来的译文不受原来的文字结构所束缚,这也是视译技巧最困难的地方。此外,口译最重视的是表达效果(performance),因此视译必须非常流畅。

笔者曾做过视译困难度的分析,针对一整个学年的授课过程,将每一次上课学生所做的视译内容录下来,并将口译停顿超过两秒钟的地方加以归纳、整理、分析后发现,这些停顿的地方表示学生有具体困难。例如,句子过长、标题与复合词等不完整的句式、句间关系不明确等。因此,视译的教学重点有必要放在如何断词、在句间连接处补进逻辑关系的说明,以及如何运用连词、副词词组、指示词衔接在截断的句子之间。

（3）基础交替传译

要求双方向语言的口译,信息的接收方式为耳闻,传讯方式为口传,同时无法看到文字稿(教材不能是文字稿,只能提供录像带。如果教材是文字稿,但又不提供给学生看,那就对学生非常不公平;因为经内容紧密、修辞繁复的文字稿念出来,往往极难立即听懂)。因此,交替传译应提供能够耳闻的文本,而不是以书面稿当作教材。书面稿可用于"视译"课,并要求学生将书面信息转成口语。事实上,学生最大的挑战在于如何清楚地听取信息,并将之有条理、有效率地口述出来。研一阶段在口语的传讯上要求学生达到 A、B、C 的水平。而说话长度方面,原则上是以一分钟的交替传译为主。至于笔记技巧则着重于如何分析讲者的信息,并将之固定在笔记上,同时做到逻辑明确、段落分明。

（4）基础同声传译

本课程在研一第二学期才开始上课。这是因为"交替传译"要求分析信息的能力，对于"同声传译"所需要的瞬间分析助益很大，因此学生在研一第一学期若就已经对如何倾听、分析信息、口语传达等都有了概念之后，再做同声传译就能解决掉一部分口译技巧上的困难了。但为了同时降低同声传译速度上的困难，一开始原则上只教导单语言方向的同声传译（也就是由外语译到母语）。并且要求同时听与说，这时说话速度的快慢非常重要。讲者的速度不能过快，在技术上做到同声传译的水平。训练逐步展开之后，再渐次调整说话的速度，并逐渐加重内容的专业性。事实上，学生对于敏锐倾听、流畅口传、迅速分析信息等要求，都会因为同步听与说的关系而致措手不及、压力变大。

2. 进阶课程

进阶课程指口译组二年级技术性课程，具体的进阶课程如表 6-3 所示。

表 6-3　进阶课程教学

基础课程	语言情况	传讯媒介	传讯方式	传讯渠道	传讯条件	信息密度
进阶视译	双语言互译	语言／文字—语言	听、读—口传	听说分离	A，B，C	高
进阶逐步口译	双语言互译	语言—语言	阅读—口传	听说分离	A，B，C	高
进阶同步口译	双语言互译	语言—语言	耳闻—口传	听说同时	A+，B+，C+	高
有稿同步口译	双语言互译	语言／文字—语言	听、读—口传	听说读同时	A+，B+，C+	高
A：对敏锐倾听的要求；B：对流畅口传的要求；C：对信息迅捷分析的要求。						

（1）进阶视译

"视译"课是口译教学中非常独特的地方，就是不仅靠耳听还可以看稿。教学上可以利用这个特点，将语言与知识借这门课带进训练过程中。所以，在教学进程上，"基础视译"比"基础逐步"提早 8 周开始；"进

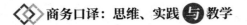

阶视译"应在一周中的课表中,位居所有口译课的第一堂。此外,这门课在口译技巧上,也兼具分析双语形式对应的功能,可借此将书面语言的断词技巧、译入语在口语上的对应方式都编入教案之中。

（2）进阶交替传译

就口译技术层面探讨,基础阶段应以理解原文为重点,其中包含了对于言谈类型（discourse pattern）的分析、笔记技巧及一分钟之内的短逐步。而进阶课程,则应以3—5分钟的长逐步为主,以达到信息的有效产出为目标。因此,应逐渐仿真会议实际的情境,指导如何做事前准备、口译员的叙事观点如何把握、如何补充信息给听众等,口译技巧应与口译策略并重。

（3）进阶同声传译和有稿同声传译

基础阶段的同声传译仅译入母语方向,因此,进阶课程中与同声传译有关的这两科目就必须在有限的时间之内,快速达成教学目标。具体而言,在听取信息方面,应该运用交替传译的训练成果,以使学生瞬间便能掌握信息的重点,以便在最短时间内将信息近乎同步地传送出来。另外,由于同声传译依赖口译员的耳听口说,如何仅以声音明确地传达信息,就必须注意句间的逻辑衔接技巧。而在"有稿同声传译"课中,更应加强句子的拆解与组合技巧。此外,对于常套句的运用、专有名词的对应、各种口译技巧的应用都应极其简练,才能避免在同声传译的时间压力之下,来不及处理过多的信息。而熟习之道,唯有多安排实习课程,让学生自行体会实务上的需求以及在作业等"隐性课程"（implicit curriculum）中要求勤练。

（二）核心课程的纵向整合关系

"基础课程"就是针对口译过程中频繁运用的语言表达方式、一般常识以及口译技巧,以渐进、累积、反复的方式教学的第一学年口译技术性课程。

语言表达方式中,越属于常套（formula）的句子应越先教;学生越熟悉的一般常识,越应排在初期阶段口译技巧中,运用越频繁者,应越先排入教案。

"进阶课程"就是掌握基础课程习得的口译技能之后,在第二学年中尽可能地仿真口译实务状况,进一步加强知识的广度与深度,并融合语言、知识与技巧,为达到熟练运用于实务工作之中的课程。

上述以口译技术为主的课程,就是"核心课程",约占毕业必修学分数的80%(50学分中占40学分)。相对于此,与加强语言、知识有关的科目(包含笔译),则列入"周边课程"。而且,大都列入"基础课程"之中。

（三）核心课程的横向整合

在核心课程的规划上,需要与周边课程配合,做横向的整合才能在循序培养口译技巧的系统化教学过程中,针对口译所需的相关知识与双语言运用能力,通过专业知识入门课程与笔译、外语等课程达成教学目标。周边课程的规划目的在于加强语言、知识的吸收,并与口译技巧结合,融会贯通。口译核心课程与周边课程的时程配合如表6-4所示。（括号中数字表示第1-4学期）

表6-4　核心课程与周边课程的时程配合

周边课程	基础核心课程	进阶核心课程
计算机与翻译（1）	口译入门（intro-1）	—
语言专题研究（1,2）	基础视译（ST-1,2）	—
现代汉语语言学与翻译（1,2）	基础交替传译（CI-1,2）	—
专题研究（1）财经专题（2）	基础同声传译（SI-2）	—
一般笔译（1,2,3,4）	—	进阶视译（ST-3,4）
译事专业介绍（4）	—	进阶交替传译（C1-3,4）
论文写作（3,4）	—	进阶同声传译（SI-3,4）
—	—	有稿同声传译（STX-3,4）

对于周边课程内容与进程可以做如下分析。

（1）周边课程中"计算机与翻译""专题研究""财经专题"这些课程都与知识扩展目标有关。

（2）"语言专题研究""现代汉语语言学与翻译""一般笔译"则与加强语言的认知有关。

（3）周边课程的目的在加强学生的语言运用与补充背景知识,进而将口译技巧与语言、知识相结合。如研一学生在基础课程中吸收知识的同时,进阶课程中研二同学可以同时在口译箱中进行同声传译的演练,周边课程的训练进程与具体上课内容如表 6-5 所示。

表 6-5　周边课程的训练进程与上课内容

周边课程	基础课程训练项目	进阶课程训练项目
计算机与翻译	资料搜寻、文书处理、传输工具	无
语言专题研究	口语语篇分析、常套句、句间连接技巧、口语传达技巧	无
现代汉语语言学与翻译	汉语语法、修辞、对比分析的研究方法、翻译与语言的关系	无
专题研究,财经专题	就口笔译经常接触之重要知识领域专题,邀各行专家来所演讲	利用左列课程之现场或影带扩增知识领域,并演练同声传译
一般笔译	一般性文章的笔译格式、文体、译法等通则性翻译主题的演练与归纳	扩增知识领域、技术性文章文类之译法、顾及读者需求
译事专业介绍	无	介绍市场现况、职业规范、准则、制度等
论文写作	无	客观描述、分析口笔译的条理

　　上表中也显示了第一学年的周边课程在语言与知识的加强上,负有相当比重的任务,而且口译技巧、语言运用、知识吸收三者在第一学年是区分在不同科目之下分别推进的(实际上是同步进行,适度重复、环环相扣)。到了第二学期,三者的融合是课程规划的主要目的,因此,周边课程的功能就脱离了技术层次而转为深入口译实务的意义了。

　　在进入市场的实务准备方面,"一般笔译"进阶课程中,强调顾及读者需求的翻译原则,"译事专业介绍"中则介绍职业市场、职业规范,让学生有机会认识到进入市场后,要应对那些职业市场的需求。"论文写作"希望达成的目标则是促成客观地描述与分析口笔译的条理,进而撰写对于实务或理论有所贡献的硕士论文。这与进阶阶段的训练内容虽然不发生直接的关系,但着眼于口译者今后的自我改善与成长上,安排在最后一学期自有其教育上潜移默化的重要意义。

第三节　商务口译课堂教学效果评价

一、教学评价的常见形式

（一）评价进步

教师如果以促进自主学习为目标,就必须采取一些方法来评价学生在自主性方面所取得的进步。虽然很难区别学习自主性进步和语言学习进步,但我们还是可以在一些具体项目上进行评价。这些具体项目的评价最好在语言学习过程中进行,而不是抽象地评价学生的解决问题（或决策）能力。例如,教师可以关注以下方面:（1）学生反思学习的意愿;（2）学生评价自己进步的能力;（3）学生独立完成任务的能力。

（二）自我评价

衡量学生的学习效率关键在于他／她是否能正确评价自己的语言运用能力（指理解和表达能力）,即是否能满足目前和未来的学习和交际环境要求。无论是在真实的交际环境下进行的语言训练,还是课堂语言练习,学生都必须能正确判断自己的语言运用能力。学习效率高且投入时间少的学生都能正确判断自己在某一方面的语言运用能力是否能满足学习或交际任务要求。如果学生的语言运用能力尚未达到要求,却自我感到满足,那么他／她的外语能力就会停滞不前,语言使用的规范性也会受到影响。相反,如果学生追求尽善尽美,那么他／她的进步程度无论在范围或数量上都会受到局限。判断自己的能力是否充分是自我评价的一种方式。

- 自我监控与自我评价:实际上,自我监控与自我评价是相同的过程,即用显性的或隐性的标准来判断一个人的语言运用能力,二者只有范围和时机上的差异。自我监控是对短时间内正在发生的语言活动进行判断,而自我评价则是在长时间进行的语言活动过后进行的判断。自我评价要建立在自我监控的基础上,因此也包括了自我监控。

- 自我评价与教师评价:到目前为止,我们常常认为评价是教师或者其他权威人士的专利。这种想法很自然,因为评价者需要精通目的语,而且还需要有能力判断受评价者的语言运用能力在多大程度上接近评判标准。此外,评价也与某个机构内部的重要决策有关,如学生该归入什么班级,是否可以进入下一个学习阶段,或者是否应该给学生颁发证书,认可其外语水平。就这方面而言,有前面的想法的确无可厚非。在以下关于形成性评价与终结性评价关系的讨论中,我们将论述评价决策权和认可学生外语水平等问题。并不是说教师在评价中不应该扮演任何角色,也不主张他们的角色地位应该降低,而是教师还有另外一种责任,即帮助学生更善于进行自我评价。其实,绝大部分教师都以不同方式承担过这种责任,只不过没有人明确指出而已。学生如果能进行自我评价,就会越来越擅长对自己的语言运用能力做出评判。

• 形成性评价与终结性评价:绝大多数评价指的是认可学生的学业成就,或者在学生未达到学业要求时,不认可他们的学业成就。这种评价通常和这样一些概念联系在一起,如"奖励""证书""候选人"等。这就是终结性评价,即依据事先制订的标准对学生的学业成就给予公开的认可。这种标准通常与某种考试或证书联系在一起。但是,课堂中进行的评价主要是与学习过程有联系,表明学生在何种程度上达到了某种要求。这就是形成性评价,自我评价主要属于这一类。

1. 自我评价分析

高效率学习的一个重要因素是,有能力判断自己的语言运用能力是否能满足学习和交际任务的要求。这种"判断能力"包括建立适当的标准,可能是显性标准,也可能是隐性标准。学习者根据具体情况,决定自己的可接受最低标准。例如,这种标准可能包括记住某个短语的意思,或者根据"语感"判断这个短语(或其他短语)的正误。另外,这种标准可以描述为获得预期的反应,既可以是语言反应,也可以是非语言反应。比如说,它可以是超语言反应:学生也许会留意听者的表情,以此来判断自己的信息传递是否成功。标准可以是非常不正式和非常普通的。但是,对标准分析得越多,在推动学习的过程中自我评价就可能起到越大的作用。如果学生的表现尚未达到标准,那么对存在的问题分析得越多,学习效果可能就越好。

自我评价可以包括以下方面:

• 开展自我评价的意愿和积极主动性;

- 不满意未达标准的表现,而不是冷漠处之;
- 建立内在标准,不管是自己建立的,还是参考得到的标准;
- 根据标准衡量自己的语言运用能力;
- 进行自我评价的信心;
- 意识到自我判断能力以及判断的准确性也许存在局限。

语言学习者认为,很有必要评价学生的需求,这样才能判断某些学习目标的重要性。此外,学生应经常对学习策略进行评价,包括评价选择某个策略的原因,评价某个策略对自己的用处,以及评价自己使用这一策略的效率。

2. 自我评价的培训程序

学生会自然地把自我监控和自我评价当作学习过程的组成部分。学习者培训工作会将自我评价具体化,并且让学生明白其合理性。自我评价具体化意味着让学生理解自我评价是学习过程的一个组成部分,他们使用的自我评价技巧、采用的评价标准及其应用均可以通过这种方法得以改进。让学生明白自我评价的合理性,就是要让他们明白自我评价是一个有效而且有用的活动。

(1)训练对程度较差的学生进行评价

这种训练可以利用各种各样的材料。最保险的、也许最有用的就是学生过去的学习档案,也称作"固定不变的资料"。学生可以把自己以前交际活动的录像与最近的录像资料或者现场学习活动情况进行比较,分析其中的差异也会有很好的效果。

另外一种办法是对程度较差的学生的学习档案资料进行评价,也可以利用自我评价来帮助程度较差的学生。这种方法更为大胆,但对两种学生都会很有好处。在以上方法中,分析存在的问题将使训练更为有效。为了进行对比,学生需要一个对照目录。学生为了一起设计对照目录,就得进行讨论,而这样的讨论非常有益。这一切其实都是非常好的学习机会。不过,这种活动要花大量时间才能完成。

(2)同伴相互评价

一种常见做法是互换试卷打分和互评小测,但是对学习者培训工作而言,这种做法意义不大。不过,让学生开展货真价实的互评活动,却可能对自我评价的培训工作很有帮助。然而,这是一个有风险的过程,教师必须确保课堂的动态环境适合使用这种方法。学生可以使用针对先前的学习活动所制订的评价表,或者制订新的评价表来详细说明评价交际活动的标准。

这么一来,学生就可以在观察班级角色扮演的活动中,运用这些标准来进行评价。通过制订这些标准和随后开展的讨论,将这些标准运用到评价其他学生的活动中,并证明运用这些标准进行评价的合理性,这样应该能够让学生对这些标准有清楚的认识,并且帮助学生理解如何将这些标准运用于自我评价活动中。⑤

（3）自我评价

学生开展自我评价的一种障碍是缺乏自信,认为自己无法进行自我评价(尽管他们其实一直私下里以非正式的方式进行自我评价);另一个障碍是,他们没有意识到自我评价是一个非常合理的活动。因而,教学过程中两个重要的目标是:说明开展自我评价的合理性,让学生参与实践。为了实现这两个目标,教师可以经常给学生提供机会,让他们进行非正式的自我评价,并在适当的时候尽快给学生以反馈。其中包括使用一些简单的方法,如鼓励学生在口语活动中改正自己的错误(给他们足够的时间来进行这样的活动),并且帮助学生养成一种良好的学习习惯:完成书面作业后,对自己没有把握的表达方式或其他内容进行评论。

还可以采用一些较为正式的自我评价方法,例如,Clark 提出的学习记录卡。学习记录卡中列出的是与课本内容相关的一些短期目标,分"学生"和"教师"两栏。对学生的要求是:在"学生"栏中对自己认为能够进行的每一种语言活动打钩标示,一旦证明自己能够进行这样的活动之后,让教师在"教师"栏中相应的位置打钩做记号。所谓(初级水平的)"语言活动",可以包括如"表达自己听不懂并请求对方重复"和"在商店询问购买普通食品和饮料"等活动。

（三）学生日志

学生日志(或日记)是大多数自主学习教学的主要特征,使学生和教师能追踪学生的学习过程。如果学生个体(或小组)可以在指定的任务范围内进行选择,甚至可以开展不同的项目活动,学生日志就显得非常重要。如果学生既不总在同一个小组中活动,也不总和固定的同学结对子活动,学生日志就显得更为重要。总的来说,教师们似乎认为,每个学生一学年中和越多同学合作越好。

日志的使用能鼓励学生对自己的学习进行反思,从而学会像教师那样从日志中看出自己对某些活动的态度,并及时了解自己所取得的进步。

1. 日志的格式

有时学生日志只不过是练习册,学生可以在里面定期做些记录。这种方式的缺陷是学生难以整合或者提取日志中的信息。如果能把日志保存在活页夹里,并加以分类,可能会产生更好的效果。在早期阶段,学生需要获得教师的帮助才会懂得如何在日志中突出重点,如何以正确的方式向自己提问题。教师给初学者和基础阶段的学习者提供现成的问卷和核对表不失为一个好主意。这种方式可以帮助学生把自己的想法组织起来,使他们能更容易地用目的语记日志。

学生最好主要用目的语记日志,或者只用目的语记日志。学生必须在使用目的语的过程中学习目的语,因此他们在讨论任务时必须用目的语。实际上,学生在描述自己对某些体育或休闲活动的感受时,不会觉得有任何困难。同样,他们在描述自己对某一任务或文本的态度,或者自己在语言学习某一方面的进步时,也并不觉得很难。如果说有点困难的话,那就是他们可能缺乏相关的目的语词汇。因此,关键在于必须向学生提供掌握相关词汇的机会,而日志写作正是一种机会。因为,在很大程度上,日志写作所需的词汇也正是许多课堂活动的必备词汇(例如,协调项目活动的组织和执行工作,或者和教师商讨如何选择家庭作业)。

教师必须和学生讨论学期或学年的学习目标,而且还要将这些目标写在日志的开头。由于学生很难根据笼统的目标来评价自己的进步,因此必须向学生提出主要技能(听、说、读、写)的具体要求。当然,学生可以根据自己的特别需要,对这些学习目标进行调整。例如,一个中级学习者的写作目标可以包括:

能够详细描述一个过程(一个游戏怎么玩,一台机器或一个系统怎么运转,某件东西怎么制作等),目的是为了更容易理解事情发生的顺序、原因和过程。

能够用适当的格式写简历;用适当的词汇和词组;确保经过适当的检查和编辑,消除拼写和语法错误。

为了促进课堂活动的管理工作,可以给学生一张任务核对表,让学生在本学期内自行检查任务完成情况。例如:

第三学年,第二学期:听/说的技能。

主要任务:参加小组活动、编写并表演短剧(5至10分钟)。或者参加小组活动、编写并录制广播节目(节目可以包括音乐,但必须至少有5分钟的谈话时间)。

其他任务:

就本学期读过的一个话题向全班发表一个3分钟的讲演;教师提出新话题,或者介绍一项新活动时,为自己小组做笔记,至少一次;至少负责部分项目活动的计划工作。

其他需要检查的项目可以和学年的学习任务有关,可以包括语法和词汇等知识,但不包括具体任务。例如,词汇检查项目可以包括重要的话题范围。学生完成和某个话题有关的项目活动或任务,或者阅读完相关文本后,就可以在这个话题前的方括号中打钩。另外,教师可以要求学生对他们掌握的知识进行评价,如掌握了多少词汇。也可以评价他们用这些词汇完成的任务:如我掌握的词汇足以完成2分钟有关这一话题的演讲,我掌握的词汇足以写一份长达5段的话题报告。

除了评价学习目的、目标和任务外,日志还应评价学年中开展的所有项目活动和其他主要语言学习活动。还有,在最初阶段,教师要帮助学生在日志中关注重要的任务和活动,提供一套问卷题目,了解学生的态度(同意或反对)。教师还要向学生提供标准的评价方式,并要求学生在任务开展之前、过程中和结束时发表评论。这种评价方式也包括学生对自己成绩的评价(如果他们的学习任务得到评价的话)和对教师评语的评价。应当鼓励学生把每一个评价当作一次机会,不但要找出差距,还要构思一些新的学习目标,并在相关的检查表上做记号。

一份典型的学生日志可以包含以下四个部分。

(1)学期或学年的语言学习目标列表,以及四项技能中每一项的具体目标列表。

(2)所有学生在学期或学年内要完成的任务列表,学生开展独立阅读活动的记录。

(3)课堂活动日记,其中包括日常活动、家庭作业等的记录,以及对正在开展中的活动的评论。

(4)项目活动和其他主要任务的评价表。

日志可以安排在课内写,也可以布置成家庭作业,或者作为可供学生选择的家庭作业。

2．评价和学生日志

日志不仅帮助学生进行自我评价，教师也可以根据日志来评价学生在自主学习方面所取得的进步。

教师可以对学生日志进行一般性评价：学生是否努力以适当的方式组织日志，是否经常增添新内容，是否自觉地完成所规定的任务等。然而，教师要每年一次或两次特别注意学生如何将他们在日志中发表的评论应用到实际任务中去。例如，可以采用以下方式。

（1）要求学生完成一项作业或者自选的简短项目活动。教师要求学生先回顾他们的日志，然后写出一份他们在计划任务（需要训练的技能，需要掌握的语法或词法知识，以及还未完成的任务等）时必须特别注意的事项列表（可标为表 A）。接着，要求学生写出这项任务要达到的学习目标（可标为表 B）。

（2）任务完成后，学生必须评价自己的工作，看看是否达到预定目标。然后学生根据任务的进展情况（或者他们意识到的问题），列出日志中需要修订的目标（可标为表 C）。

教师通过检查表 A、表 B、表 C 和任务（或者日志）的相关性，就能从以下角度评价学生的学习状况。

目标对学生需求的合适度；

从实现目标的角度来看任务的适合程度；

学生对自己表现的自评是否恰当、准确。

这一评价过程可能要求教师承担许多工作，特别是如果教师决定检查学生日志的话。然而，评价工作可以错开，每次只安排一两个学生小组开展活动。这项活动能为学生提供颇具价值的学习机会，因为它鼓励学生以系统的方式使用日志，反思学习目标以及实现目标的手段。

3．计划和解决问题

教师也可以评价学生处理任务的方法：对教学要求的理解程度以及估计和容忍困难的程度。概括地说，也就是评价任务设计得好不好。从更小的程度上说，也可以评价学生在完成任务过程中监控进展的程度。

这种评价可以在项目活动的框架内进行（不管是个体、结对子还是小组活动），要求学生提交一份详细计划，作为项目准备工作的一部分，并对这份计划进行单独评价。在项目活动过程的几个阶段，要求学生报告最新进展情况。这些报告可以以书面或口头的形式提交，由教师根据学生对自己进步的自评进行评价。

另一种办法是，要求学生准备一份"如何完成任务"的列表。例如，"起草正式信函的要点""如何检查书写作业错误""如何阅读难度较高的文本"，或者"如何准备讨论会中的口头发言"。学生提交列表，过了几天或一周，教师要求他们开始某项活动，并敦促他们在活动过程中还要提交粗略的工作进展报告和活动笔记。当然，活动完成后，他们还得提交最终报告。教师可以根据"如何完成任务"列表中的提示，评价学生对知识的掌握程度，还要根据学生的活动进展状况和实际表现，评价他们对知识的应用程度。

让学生在评价过程中享有一定程度的决定权。虽然教师对制订评价标准和给学生打分有最终决定权，但是在评价过程中师生之间仍然有协商的余地。

例如，教师有时可以和学生商量某项任务的评价标准，然后再根据达成共识的标准来给学生评成绩。这种做法很有价值，因为学生通过对评价标准的讨论，能更好地理解评价是基于什么标准，以及评价的基本原理。换句话说，就是理解对他们的要求以及为什么如此要求。还有一种办法能帮助学生发展自我评价技能：教师可以给学生一张空白成绩单，要求他们根据每一项标准评价自己的工作，而后教师在学生所写的分数和评价旁边写下自己的分数和评价。

评价的目的是为了促进教学，不是为了编班或评成绩，因此评价标准要有针对性，才能有效地帮助学生。例如，在写作教学中，一些学生在单词拼写和语法方面有优势，针对他们的评价标准就要强调写作风格；一些学生的语言知识较弱，针对他们的评价标准就要强调单词拼写和语法知识。

同样，教师可以和学生一起讨论评价标准，帮助他们制订实事求是的目标。这一点对学习成绩差的学生来说尤其重要，因为他们一直没能达到预定目标，不知道该如何做才能成功，所以很难获得成就型动机。例如，在教师的帮助下，一些学生可以发现自己哪些任务能完成得最好，就可以针对这些任务定出相应的标准。对每个学生来说，无论完成的是什么任务，只要能尽最大努力发挥自己的能力，就可以得到满分的结论

正如 Dam 和其他人所指出的那样，促进自主学习可能是一个漫长而艰难的过程，尤其对教师而言。教师很难"放手"让学生自己去学，很

难对学生相信到允许他们"掌控"自己的学习。但即使有风险,这些风险都值得去尝试,因为潜在的回报实在相当大。强调自主学习并不一定会导致忽略语言学习的内容和方向,或者对实现学习目标采取比较不负责任的态度。教师并不是在推卸责任,而是和学生分享责任。这种教学方式能增强学生的自信心,使他们能以更有效的方式进行学习。同样,在这一过程中,教师也会变得更加自信,从而开展更有效的教学活动。

(四)信息化教学评价

1.信息化教学评价的理念

随着教学评价研究的进展,当前的学习评价在理论和方法上都已呈现出多元化的趋势。各种学习评价新理念,如发展性评价、真实性评价、多元化评价动态性评价、后现代主义评价等越来越受到关注。

（1）发展性评价理念

发展性评价由形成性评价发展而来,它是根据一定的教学目标,运用适当的技术和方法,对学生的发展进程进行评价解释,以使学生在学习过程中能不断认识自我、发展自我和完善自我的评价活动。该理论认为,教学评价要尊重和体现个体差异,以便激发学生的主体精神,促进每个个体最大可能地实现自身价值;评价是与教学过程持续并行而且同等重要的过程,它贯穿于教学活动的每一个环节,是教学活动的有机组成部分,其目标是为了促进学生发展,而并不仅是为了检查学生的表现。因此,发展性评价更加强调以人为本的思想,重视通过评价来发现人的价值,发掘人的潜能,发展人的个性、发挥人的力量。

（2）真实性评价理念

真实性评价(Authentic Assessment)是 20 世纪 80 年代末在美国兴起的一种新型评价方式,它要求学生运用所学的知识和技能去完成真实世界或模拟真实世界中一件很有意义的任务,并试图用接近"真实生活"的方式来评价学习的成就水平,任务完成的绩效主要通过依据学业标准制订的评价量规来进行评定。真实性评价是对标准化评价方式的有效补充,根据实际需要,教师可以在教学过程中交替使用这两种方式开展学习评价。目前,真实性评价已逐渐从教学评价的边缘走向中心,并成为信息化教学评价的重要理念和方式。

（3）多元评价理念

现代智力研究成果认为，学习能力是多方面的，不同的学生可能擅长以不同的智力方式学习，其知识表征与学习方式有许多不同的形态；学生在意义建构活动中表现出来的并不是单一维度的能力反映，而是多维度能力的综合体现。因此，应该通过多种评价手段来衡量不同的学生，应该针对学习的不同维度综合评价，以便全面反映学生的学习状况和学习成果，并给学生以多元化、弹性化、人性化的发展空间。

（4）动态评价理念

动态评价理论源于苏联著名心理学家维果茨基的社会发展认知理论。相对于传统评价只提供学生在单一时间点上的测验表现或成就信息的相对静态化评价来说，动态评价能够统整教学与评价过程，它兼重过程与结果，兼顾社会介入与个别差异，并通过师生间的双向沟通与互动关系，同时考查认知潜能和学习迁移能力，因此，可以评价与预测学生最佳的发展水准。

2. 信息化教学评价的方法

信息化学习环境既为学习者提供了丰富的资源、技术和活动平台，同时也为评价创新提供了技术支持。信息化教学评价关注学习过程，强调评价的多元化。除传统的评价外，电子评价系统电子学档的评价、表现性评价、概念图评价等都是信息化教学常用的评价方式。

（1）电子评价系统

一个完整的电子评价系统，实际上就是将计算机应用于传统的测验全过程。其工作流程包括题库建设与管理、智能组卷、考试、评卷、试题分析（包括试卷、试题和学生分析）等环节。试题分析的结果，一方面对下一轮的教学提供参考；另一方面要对原题库不合适的内容进行修改、增加、删除等调整工作，从而构成一个循环过程。

①题库建立和维护

题库是按一定的教育测量理论，在计算机系统中实现的某门课程试题资源的集合。当前，题库既可以在独立计算机系统中实现，也可借助网络技术形成网络题库。一个题量充分且经过精心组织的试题库是整个系统的基础，它决定了系统可能考试的科目和题型，还包含考试的全部试题及试题的所有相关属性（如知识点、分数、题干、选项、答案、难度系数、区分度系数、知识点等）。因此，在电子评价系统中，题库一般要事先建立,而且要能根据实际需要对题库中的试题进行添加编辑、删除和查询等。

②智能组卷

首先根据评价目的,教师通过浏览器输入相应的组卷参数(如题目数量、总分、平均难度、平均区分度、参加考试的学生等);然后系统按一定的组卷策略自动从试题库中抽出相应试题,组成符合要求的试卷。另外,为保证所选试题能满足教师的特殊需要,电子评价系统还应支持教师的手工组卷,即教师逐个选择所需题目,组成试卷。

③评价过程控制

评价过程控制主要是完成对电子评价过程的控制,如远程实时监控,在需要时锁定系统、不允许学生进行与评价无关的浏览、控制评价时间、到时自动交卷等。

④试卷评阅

阅卷评分分为自动阅卷评分和人工阅卷评分,自动阅卷评分是针对客观题,如选择题、填空题、判断题等,学生完成考试后,由系统自动评分并将分数记录到数据库中;人工阅卷评分是针对主观题,如名词解释、简答题、论述题等,学生结束考试后,由教师在线阅卷评分,并记录到数据库中,再将客观题分数和主观题分数相加作为学生的总分记录到数据库中。

⑤评价结果分析

评价结果分析包括各学生成绩分析、所组试卷分析和题库中各试题的分析等。其中,学生分析是针对某个学生在某门课程的各次考试成绩进行的分析,包括其总得分,各题型得分、考试的平均分等;试卷分析是针对每一份试卷进行的,包括每份试卷的平均分、最高分、最低分、得分分布情况、整份试卷的信度和效度分析等;每一试题的分析则包括使用次数、答对人数、实测难度、实测区分度等。

⑥学生成绩和分析结果的报告

电子评价系统一般能对客观题测验进行自动评阅,并实现对答题情况的即时反馈。而对于主观题,则是先提供即时的参考答案,待教师评阅完成后再给予具体答题情况和得分的反馈。

（2）表现性评价

①表现性评价的内涵

表现性评价既可以评价学生在完成表现任务过程中所表现的行为

与心理过程,也可以评价表现性任务中所涉及的内容和完成任务的结果。其核心在于被评价者所执行的表现性任务与评价目标的高度一致性。 它不仅将综合思考和问题解决联系起来,而且还让学生在合作中解决真实性或与现实生活相类似的问题,从而使教学更具有现实意义。比如,要评价学生的计算机应用方面的某一能力,就应该让学生利用计算机来完成相应的设计或实践任务,在任务完成过程中观察学生的各种表现和结果,而不是让学生在试卷上回答操作步骤、程序方法等。作为一种新型评价方式,表现性评价与传统测验的区别主要体现在任务真实性、复杂性、所需时间和评分主观性等方面。

②表现性评价的应用设计

明确评价目标和标准。首先要根据课程标准和教学内容来构建评价目标和标准。所确立的评价标准要明确、简洁和可操作,而且还要尽量让每个学生都熟悉并能正确理解目标要求和标准量规。

选择评价重点。按评价的重点不同,表现性评价可分为侧重过程和侧重作品两种。一般来说,如果表现性任务没有作品要求或者对作品进行评价不可行时,主要侧重对学习过程开展评价,如难以评价作品或评价作品的成本和代价过高。操作过程具有一定的顺序并可直接进行观察,正确的过程或操作步骤对后续学习或活动的成功至关重要,对过程的分析有助于提高结果的质量等。同样,在某些表现性任务中如果对结果具有明确要求,而且结果比过程更值得关注时,通常以学习作品作为评价重点。

设置表现性任务。表现性任务的选择对学生应具有一定的新颖性和挑战性。要选择那些学生比较熟悉的生活情境或现实问题,以便要求学生在具体情境中综合运用他们所习得的知识和技能。任务设计不仅要对学习目标、评价标准任务结果、建议策略等做出具体说明,而且还要明确完成任务的时间要求与支持条件。另外,任务设计必须切实可行,要保证学生能有足够的时间、空间材料和其他资源完成任务,而且为完成任务所需的知识和技能都能在学习过程中获得。至于任务数目的多少,则主要取决于评价的范围大小、目标的复杂程度,以及完成每项任务所需的时间和可用的资源等因素。

收集信息资料。在日常教学中对学生的观察往往并不系统,而且缺乏对观察结果的正规记录。因此,难以为评价学生的复杂表现提供全面、客观的信息。表现性评价是在具体的任务情境下来观察和记录学生的表现和结果,它通常需要使用行为检核表或评价量规表等观察并记录学习过程的系统化信息,并且与日常教学中的非结构化观察有机结合,以保证既能收集到与评价目标直接相关的信息,也能收集其他有价值的信息和资料。另外,必须正确定位教师在表现性评价中的角色。教师在表现性评价活动中不再只是"权威",而且更应成为学习评价活动的促进者、指导者、管理者及任务开发者。

形成评价结论。在形成评价结论时,应参考多种评价资料,从多维度、多层次对学生的表现进行综合评价;定量评价和定性评价相结合,既要关注学习过程,也要关注学习结果。表现性评价鼓励学生本人参与评价过程,将个人自我评价与小组相互评价相结合,以促进学生的自我反思和提高。

根据学生的表现,参照评价目标和标准,结合学生自身的因素和环境因素,以发展的观点指出学生的优势和不足,并提出有针对性的改进建议。作为教师,应当从表现性评价中认识到教学已经取得的成果和存在的不足,不断改进教学。

③评价实施及判分建议

如果时间允许,可以让学生实际开展研究和有关技术实践,并针对学生在不同阶段和不同环节上的表现进行评判;也可以通过纸笔评价方式,要求学生制订详细的研究计划,并对计划考查的各环节的技术操作进行详细解释。

对于学生的实际操作,可根据学生在不同阶段和不同环节上的实际表现依次制订评价标准并判分,最后累计学生在不同阶段和不同环节上的表现得出总分。

如果希望考查学生活动过程的质量,可以围绕学生在活动过程中的规划意识和规划能力、信息技术应用水平(包括信息作品创作过程中的个性和创造性)、学习态度和参与意识、投入程度、交流能力与合作精神、问题解决能力等制订面向活动过程的评价指标。

（3）教学评价量规

①评价量规的内涵

量规作为一种学习评价工具,是用于评价、指导/管控和改善学习行为而设计的一套评价标准。它通常表现为二维表格的评分细则形式,并为学习过程、学习作品或其他学习成果(如一篇文章的观点组织、细节、表达等)列出具体的评价细则和标准要求,明确描述从优到差不同水平的等级得分。从量规的功能形式使用方法等方面来综合理解，可以将学习评价量规界定为：根据教学目标要求从多个维度对评价标准和等级划分进行具体描述的说明性工具。

在信息化教学评价中，量规可广泛用来评价学生在学习过程中的认知过程、行为表现、问题解决能力、学生作品或学习成果以及情感态度和价值观等。其教学应用意义主要表现为三个方面。

量规依据教学目标要求从多方面详细规定相应的学习评价指标，它基本定义了什么是高质量的学习，可以有效降低评价的主观性和随意性；教师依据它评定学生学习过程和结果，学生也可以参照量规开展学习自评或同伴互评。

量规可以向学生清晰描述教师的期望，并能向学生说明怎样才能达到这些期望。当学生利用量规来评价自己的学习活动和作品时，他们会对自己的学习更具有责任感，有效地减少了学习的盲目性。

量规运用可以大大提高评价效率，并使教师更容易向学生解释为什么获得某个等级分以及怎样做才能获得提高等。通过参照学习评价量规，学生也可以获得更多关于自我学习过程的反馈信息。

②评价量规的设计

随着信息化教学的发展，越来越多的教育工作者开始了解并熟悉评价量规，并已经开发了许多可供直接使用的量规资源，如《信息化教学——量规实用工具》一书中就提供了信息化教学评价的实用量规集锦。但为了更好地反映课程和教学的特点，教师仍需要经常自己设计学习评价量规。

评价量规的设计原则：

一致性与科学性原则。量规要与教学目标或学习目标保持一致，而不应游离于目标之外。量规设计要讲究科学性，必须符合信息化教学的原则和理念，不能仅凭已有经验进行开发。

系统性原则。量规体系应具有整体性联系性和层次性，要能对评价对象进行全面的衡量。当评价对象处于更大的系统中时，应注意它与周围情境的纵横联系。

开放性原则。信息化学习包含诸多因素，内容复杂，不可能用一成不变的量规体系来框定。因此，量规体系必须是开放性的，评价者在教学过程中不仅可以灵活使用，而且通过相互借鉴还可以使评价量规不断得到修正、充实和完善。

独立性与实用性原则。各量规项之间并不兼容，每个量规指标都独立提供评价信息，不能有重叠关系。量规设计要切合实际，既要保证提供足够的评价信息，又要考虑人力、物力、财力、时间等应用条件。

评价量规的设计步骤。具体如下所述。

其一，量规设计应遵循的步骤。为了使评价量规能更好地体现教学目标并发挥其评价作用，量规设计一般应遵循以下步骤。

分解学习目标，初定量规框架。学习目标可以被分解为若干层次，每个层次又可分解为若干不同部分或组成要素，可以根据获得的若干末级指标设计初步的量规体系框架。

指标归类合并，确定量规体系。末级指标之间可能会有一定的功能交叠，照此组成的量规体系也会出现内涵重复现象。因此，应对初定的量规框架进行加工整理并简化提炼，删减重复条目并归类合并，再确立出具体的量规体系结构层次和功能作用。

具体描述指标，确定量规赋值。对各具体目标的评价量规进行描述时，要根据目标要求写出期望达到的评语或要求，同时把量规分为若干等级，每个等级赋予权重分值，评价者根据学习期望或目标要求逐级进行学习评定。量规权重不仅表明了量规体系内各因素的相对重要程度，而且确定了各因素之间及量规和结果之间的关系，使评价结论能比较客观地反映被评价对象的全貌。

试用并修订量规。通过学生自评、互评和教师应用来试用已经设计完成的量规，对量规体系或指标权重提出意见，以便对量规设计进行修订和完善。

其二，量规设计应注意的问题。设计良好的学习评价量规，除了要遵循量规设计原则和步骤外，还应注意以下问题。

让学生参与量规的设计。量规设计过程中的一个重要方面，就是把量规制订作为学习过程的一部分，尽量让学生参与量规的设计，并通过和学生讨论制订有关学习量规，有助于学生把标准和量规内化，使学生更清楚整个学习过程和所要达到的目标。

用具体的、可操作性的描述语言清楚地说明量规中的每一部分。在对量规进行解释时，应使用具体的可操作性描述语言，而避免使用抽象的概括性语言，同时还应避免使用不清楚或消极语言等。

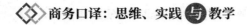

二、商务口译教学中的"评价"

POA 理论认为"驱动"是新单元学习的启动阶段，"促成"是教学的初级阶段，"评价"则是教学的升华阶段。评价贯穿了整个教学环节，是教师主导作用的有力体现。POA 理论下的产出"评价"可以分为即时和延时两种。即时评价主要体现在"促成"环节中，在课堂上对学生学习效果的适时评价，延时评价是指对学生课外任务成果所进行的评价。[⑥]

师生合作评价是"产出导向法"创新的合作评价方式，它既能帮助教师检验教学效果，又能督促学生审视学习成效，是使用"产出导向法"开展教学的必要环节。[⑦]为遵循产出目标是否达成这一总原则，可从教师、学生两方面开展评价，并将评价贯穿于课前准备、课中实施、课后拓展整个教学过程。

（一）教师评价

"产出导向法"要求教师评价提供专业引领，教师在其中充分发挥中介作用。课前，根据单元教学目标，从学生提交的视频中选 3 个作为典型样本，从任务完成度（Task Completeness）、产出质量（Production Quality）、沟通效率（Communication Effectiveness）三个层面形成初步的评阅意见。

（二）同伴评价

"产出导向法"要求学生全员以多种形式参与评价。本着互帮互助、共同提高的原则，课内，要求学生以小组为单位开展同伴互评，在教师的引导下先自己思考，再在小组内交流，从语言、内容、交际等角度形成小组统一意见后在课上进行讨论。最后，教师在肯定学生评价的同时，结合学生的评价，再给出课前准备的评阅意见供全班学生讨论和参考。

（三）自我评价

为了保护学生的自尊心和积极性，将学生自主评价放在课后，要求学生以学习日志的形式从个人学习总体收获、小组合作的收获情况、存在的主要困难、需要哪些帮助、今后改进的方向等方面提供反馈,并以电子邮件方式发送给教师。

本章注释:

①　让·艾赫贝尔(Jean Herbert),瑞士人,老一辈的著名口译工作者。第一次世界大战初期曾在爱丁堡大学任教,1917 年首次担任翻译,之后在联合国等一百多个重要国际组织中从事口译工作,为许多国家元首当过翻译。

②　本书对近三十年来法国翻译理论的不同流派与观点进行了系统的梳理,特别是就翻译的语言学派、文化学派、文艺学派、翻译的诗学理论、释意理论以及翻译史、翻译批评理论进行有重点的评介,结合翻译的基本问题进行了深入探讨。这有助于拓展我国译论研究的视野,并对我国的翻译工作大有裨益。

③　文秋芳 . "产出导向法"的中国特色 [J]. 现代外语,2017,40 (3): 348-358.

④　周以 . 产出导向法视角下高校口译课程教学探究 [J]. 武汉工程职业技术学院学报,2020,32 (1): 99-102.

⑤　戴小春 . 英语专业课程结构优化论 [M]. 北京 :北京理工大学出版社,2011.

⑥　文秋芳 . 构建"产出导向法"理论体系 [J]. 外语教学与研究,2015,47(4): 547-558.

⑦　文秋芳 . "师生合作评价":"产出导向法"创设的新评价形式 [J]. 外语界,2016,(5): 37-43.

参考文献

参考书籍：

[1] 陈苏东,陈建平.商务英语口译 [M].北京：高等教育出版社,2003.

[2] 陈晓峰.商务英语口译技巧 [M].北京：机械工业出版社,2010.

[3] 程跃珍.新编商务英语口译教程 [M].北京：北京交通大学出版社；清华大学出版社,2011.

[4] 崔玉梅.商务英语口译 [M].重庆：重庆大学出版社,2015.

[5] 董琳.简明商务英语口译教程 [M].北京：对外经济贸易大学出版社,2010.

[6] 董晓波.商务英语口译 [M].北京：对外经济贸易大学出版社,2011.

[7] 付艳丽.简明商务英语口译教程 [M].北京：中译出版社,2020.

[8] 龚龙生.商务英语口译教程 教师用书 [M].上海：上海外语教育出版社,2011.

[9] 龚龙生.商务英语口译 学生用书 [M].上海：上海外语教育出版社,2011.

[10] 龚龙生.商务英语口译教程 教师用书 第 2 版 [M].上海：上海外语教育出版社,2017.

[11] 韩琪,田甜.商务口译教程 [M].武汉：武汉大学出版社,2017.

[12] 洪小丽.实用商务口译 [M].北京：对外经济贸易大学出版社,2020.

[13] 黄敏.新编商务英语口译 [M].北京：高等教育出版社,2008.

[14] 黄真真,吴磊.商务英语口译实务 [M].上海：上海交通大学出版社,2018.

[15] 纪可著. 商务英语口译教程 [M]. 武汉：华中科技大学出版社，2009.

[16] 蒋阳建. 实战商务英语口译 [M]. 北京：冶金工业出版社，2009.

[17] 李鸿杰，王建华. 商务英语口译教程 [M]. 北京：机械工业出版社，2010.

[18] 李燕，徐静. 商务英语口译教程 [M]. 北京：清华大学出版社，2012.

[19] 梁洁. 商务英语口译教程 [M]. 北京：冶金工业出版社，2020.

[20] 林群，黄中军. 商务英语口译 [M]. 北京：清华大学出版社，2014.

[21] 林永成，林永成，陈秀娟. 商务英语口译实训教程 [M]. 北京：北京师范大学出版社，2012.

[22] 刘建珠. 商务口译 [M]. 武汉：武汉大学出版社，2010.

[23] 刘杰英，刘雪芹. 高职高专世纪商务英语口译教程(第3版)[M]. 大连：大连理工大学出版社，2017.

[24] 刘杰英. 世纪商务英语口译教程 [M]. 大连：大连理工大学出版社，2008.

[25] 卢玮，蔡世文. 商务英语口译训练教程 [M]. 武汉：武汉大学出版社，2008.

[26] 石本俊. 商务英语口译实训教程 [M]. 广州：华南理工大学出版社，2017.

[27] 宋菁，安文婧. 商务英语口译实务 上 [M]. 重庆：重庆大学出版社，2015.

[28] 宋菁，安文婧. 商务英语口译实务 下 [M]. 重庆：重庆大学出版社，2015.

[29] 孙广治. 商务英语翻译技能教程口译分册 [M]. 沈阳：沈阳出版社，2011.

[30] 王皓. 商务现场口译 [M]. 杭州：浙江大学出版社，2016.

[31] 王红卫，张立玉. 商务英语英汉口译 [M]. 武汉：武汉大学出版社，2005.

[32] 王娜著. 商务英语口译中的语用失误分析 [M]. 徐州：中国矿业大学出版社，2009.

[33] 王平,余建军,毛春华.商务英语口译实务 [M].南京：南京大学出版社,2014.

[34] 王艳,赵飞飞,龚燕灵,聂薇,于石光.商务英语口译(第2版) [M].北京：外语教学与研究出版社,2020.

[35] 王艳.商务英语口译 [M].北京：外语教学与研究出版社,2009.

[36] 王正元.商务英语口译教程 [M].北京：机械工业出版社,2009.

[37] 翁凤翔.国际商务英语口语口译 [M].上海：上海交通大学出版社,2015.

[38] 吴云,朱艳华.当代国际商务英语口语、口译 [M].上海：上海交通大学出版社,2007.

[39] 夏天.商务英语口译教程 [M].北京：北京交通大学出版社,2008.

[40] 许群航,王伟.商务英语口译 [M].北京：对外经济贸易大学出版社,2011.

[41] 闫怡恂.大学核心商务英语口译教程 [M].北京：对外经济贸易大学出版社,2012.

[42] 印晓红,杨瑛.商务口译 [M].上海：上海交通大学出版社,2009.

[43] 尤彧聪,黎晓霖,张敏.商务英语口译教程 [M].长春：东北师范大学出版社,2017.

[44] 岳峰,王绍祥.商务英语口译 [M].厦门：厦门大学出版社,2015.

[45] 张华慧.商务英语口译 [M].北京：北京师范大学出版社,2020.

[46] 张岩,盛明佳,韩冰.新编商务英语口译教程实用版 [M].哈尔滨：黑龙江人民出版社,2011.

[47] 赵军峰.商务英语口译 [M].北京：高等教育出版社,2009.

[48] 赵颖.商务英语口译 [M].北京：清华大学出版社,2018.

[49] 智慧.商务英语笔译与口译 [M].西安：西北工业大学出版社,2020.

[50] 朱佩芬,倪咏梅,夏蓓蓓.商务英语口译教程[M].北京:中国商务出版社,2004.

[51] 朱佩芬,徐东风.商务英语口译教程(第3版)[M].北京:中国商务出版社,2017.

[52] 朱佩芬.商务英语口译[M].上海:华东师范大学出版社,2017.

参考期刊:

[1] 于晓宇,刘洋.商务英语口译中的跨文化意识及口译策略分析[J].财富时代,2021,(1):193-194.

[2] 金楠.商务英语口译技能的提高[J].文学少年,2020,(1):310.

[3] 关孟宇.商务英语口译中的文化要素翻译策略分析[J].山海经(教育前沿),2020,(2):28.

[4] 杜极倩.商务英语口译中的文化差异应对策略探析[J].大学(教学与教育),2020,(10):52-53.

[5] 史红梅.商务英语口译教学中跨文化差异的应对探析[J].齐齐哈尔大学学报(哲学社会科学版),2020,(5):167-170.

[6] 付永.商务英语口译线上教学思辨能力初探[J].电大理工,2020,(3):39-44.

[7] 高伟.跨文化意识视域下商务英语口译方法探究[J].现代英语,2020,(8):115-117.

[8] 杜极倩.商务英语口译中的文化差异应对策略探析[J].大学,2020,(40):52-53.

[9] 廖丹.英语口译中数字翻译的技巧[J].科教文汇,2020,(13):178-179.

[10] 谢晴."产出导向法"在大学商务英语教学中的应用研究[J].中国ESP研究,2020,(4):53-60.

[11] 田阳.商务英语口译的模式和技巧[J].校园英语,2019,(7):248.

[12] 苑庆春.商务英语口译策略与技巧[J].商情,2019,(44):243.

[13] 杨洁雪.商务英语的口译特点研究[J].新商务周刊,2019,(12):256.

[14] 黄玫 . 商务英语口译特点及过程研究 [J]. 才智,2019,(15):151-152.

[15] 魏欣 . 商务英语口译教学中对学生听辨训练的思考 [J]. 校园英语,2019,(28):8-9.

[16] 贾伟 . 浅谈商务口译的特点及训练方法 [J]. 校园英语,2019,(28):234-235.

[17] 赵霞 . 商务英语口译教学模式改革初探 [J]. 英语广场,2018,(5):71-73.

[18] 王珍 . 商务英语口译特点及过程 [J]. 科教导刊,2018,(29):23-24.

[19] 张珊迪 . 商务英语口译中的文化要素翻译对策分析 [J]. 北方文学,2018,(21):212-214.

[20] 苏虎典 . 论商务英语口译的特点及应对策略 [J]. 散文百家（新语文活页）,2018,(12):217.

[21] 王璐 . 跨文化情境下商务英语口译研究 [J]. 百科论坛电子杂志,2018,(21):755.

[22] 李森林 . 论商务英语口译中的跨文化意识 [J]. 课程教育研究,2018,(44):78-79.

[23] 李小艳,蒙苑宁,张月辉 . 翻硕口译课程 POA 教学法探索 [J]. 课程教育研究（学法教法研究）,2018,(15):38.

[24] 周以 . 产出导向法视角下高校口译课程教学探究 [J]. 武汉工程职业技术学院学报,2020,32（1）:99-102.

[25] 王艳 . "产出导向法" 理论视域下大学英语口译教师中介作用探究 [J]. 牡丹江大学学报,2018,27（12）:142-145.

[26] 王艳 . 基于 "产出导向法" 的大学英语口译教学模式构建研究 [J]. 教育与教学研究,2017,31（12）:94-101.

[27] 谢晴 . "产出导向法" 在大学商务英语教学中的应用研究 [J]. 中国 ESP 研究,2020,(4):53-60.

[28] 苗燕 . 基于产出导向法的口译教学实践 [J]. 新一代,2020,(8):244.

[29] 赵月,赵玉娜 . 口译中的记忆与笔记 [J]. 百科论坛电子杂志,2020,(13):370.

[30] 李文银. 口译中的言语类型分析 [J]. 中外交流, 2020, 27(29): 12-13.

[31] 柳伊娃. 浅谈口译笔记定义与运用 [J]. 文学少年, 2020,(21): 21.

[32] 徐旸. 口译能力和口译质量评估比较 [J]. 文教资料, 2020, (16): 13-14.

[33] 杜曼丽, 胡学坤. 浅谈口译交际与口译教学 [J]. 汉字文化, 2018,(14): 111-112.

[34] 玛尔哈巴·亚克甫. 浅谈基层口译工作 [J]. 双语学习, 2017, (12): 75-77.

[35] 陈紫薇, 黄影妮. 浅谈口译过程 [J]. 海外英语, 2017,(17): 141-142.

[36] 翟宁宁. 口译研究概述 [J]. 北方文学, 2017,(3): 134.

后　记

　　不知不觉间,本书的撰写工作已经接近尾声,作者颇有不舍之情。本书是对商务口译的思维活动、实践活动以及教学内容的总结,是在经过多方面的研究以及经过多年的口译实战经验和英语专业口译教学实践后总结而成的作品,希望能为学习商务口译的读者提供一定的帮助。同时,关于商务口译的理论内容,是需要经过不断地研究和实践才能将其丰富起来的,因此,还需要有更多相关研究者的共同努力。

　　在本书的撰写过程中,作者在确定了文章的框架内容之后,对其进行了详细的论述。商务英语口译是一项非常系统和有难度的工作,因为要求口译必须准确和及时,包含对语言信息的接收、转换和传输三个方面,想要做好商务英语口译工作,就必须有良好的记忆力和表达技巧。为此,本书不仅从理论层面探讨了口译的基础知识,并且从思维角度研究了商务口译的实践技巧,进而结合具体场景探讨了商务口译的实践,力求实现理论与实践的有机结合。希望通过本书所论述的内容,为商务口译理论的进一步发展提供些许帮助。

　　在这里感谢在创作过程中给予帮助的学校、学院领导和同仁们,有了大家的大力帮助,才使得这本书能够呈现给读者。同样要感谢我的家人,有了家人的大力支持,这本书才能得以面世。本书还有需要改进之处,希望各位专家和同行能够提出意见或建议,也希望能够得到社会各界的广泛支持,在此表示深深的感谢!